歌の旅びと　ぶらり歌旅、お国旅

東日本・北陸編

五木寛之

集英社文庫

旅のはじめに

旅の楽しみは何かとたずねられたら、移りゆく車窓の風景、風土が培った味、あたたかい人情など、いろいろあげられます。旅という非日常感覚のなかで、私がとりわけ好きなことは、何かの拍子にふと口をついて、歌が出てくることです。そしてその歌に心を合わせて、時空を自在に超える、はるかな感覚を味わうことです。

人にふるさとがあるように、ながれゆく歌にもふるさとがある。つかのまの水泡《みなわ》にも似た歌の数々が、心に消えない記憶を残して消えてゆきます。どんな孤独でも、その歌を口ずさむと、そのメロディーを通して、つながっていくたしかなもの。

そんな味わいをもとめて、東へ西へと、相変わらず旅する日々がつづいています。おそらく一生そんなふうに暮らしていくにちがいありません。

「旅に病んで　夢は枯野を　かけ廻る」という芭蕉《ばしょう》の句のように、そんなふうに、旅に生きて、旅に暮らし、最後は旅の途中で自分の人生を終えることができたらなというのが、私の願いです。

そんな想像を心にあたためながら、きょうも見知らぬ町をあるいているのです。

五木寛之

歌の旅びと

ぶらり歌旅、お国旅
〈東日本・北陸編〉

目次

［信州、甲州、越後を訪ねて］

［北陸を訪ねて］

［東京、神奈川、横浜を訪ねて］

歌の旅びと——ぶらり歌旅、お国旅

◎東日本・北陸編

東北、北海道を訪ねて

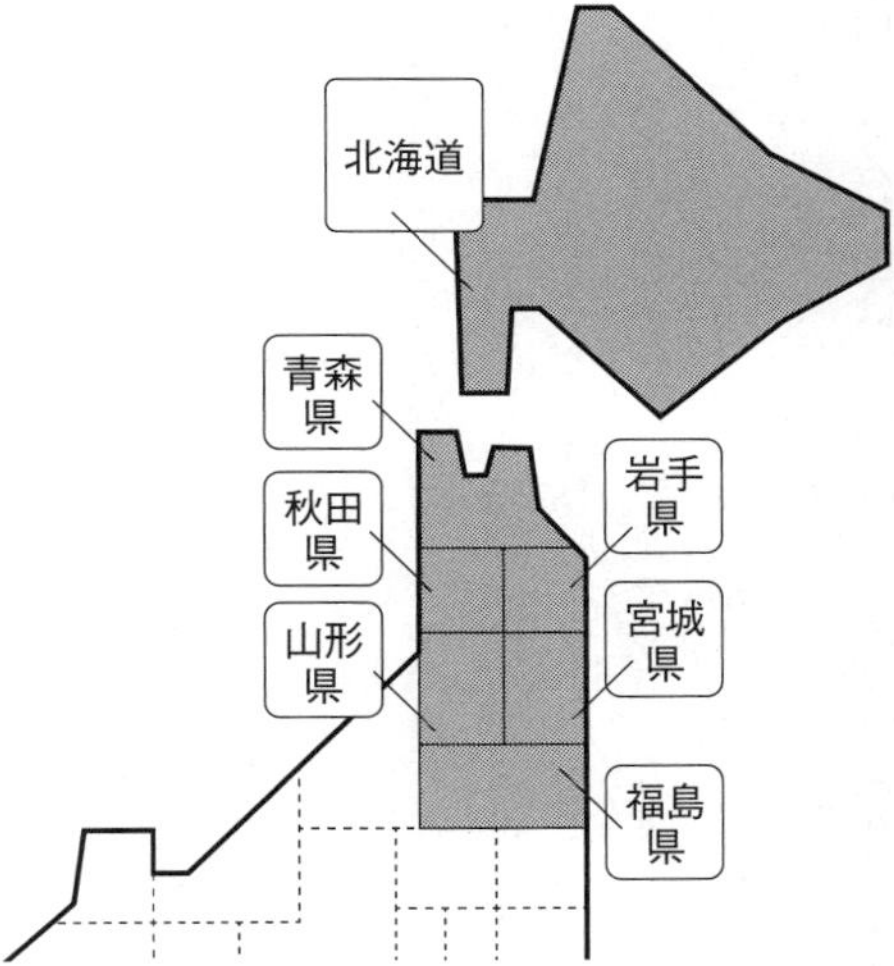

山形

『雪の降る町を』の北の町

私は九州出身ですけれども、山形と聞いただけで、ポッと胸に灯がともり、頰《ほお》が緩んでくる心持ちがします。

二十代の終わりごろ、農業関係の雑誌の取材記者をしていたのですが、農産物の自由化が国際問題になったときには、ルポルタージュするために山形に再三、足をはこびました。その後もご縁があって、三百年もつづく八文字屋《はちもんじや》という書店にうかがってサイン会をしたこともあります。その書店の創業は、山形の特産物の紅花を舟で上方まで運び、帰りの舟で、当時、上方の庶民に大人気だった「浮世草子」を持ち帰ったことに由来するとうかがいました。山形県の出版文化をずっと担ってきたわけですね。

日本海に面し、最上川という大河の河口にある酒田は、江戸時代、港に出入りする北《きた》前船《まえぶね》がもたらす都の文化を、東北全体に伝える玄関口のような役割を果たしていました。山形はその伝統をいまに伝えています。山形に、どこか懐かしさを感じてしまうのは、この北国に東北の原風景のイメージが重なるからかもしれません。

そんな山形の町の風情を感じさせる歌が『雪の降る町を』ではないでしょうか。NHKの「ラジオ歌謡」から生まれた名曲で、冬の寒さが厳しい中にもどこか温もりを感じさせる歌です。作曲した中田喜直《よしなお》さんは、山形の雪の町をイメージしながらこの曲を作ったそうで、山形では、いまでも催し物会場などで、かならずといっていいほどこの曲が流れるそうです。

雪の降る町を　（作詞＝内村直也　作曲＝中田喜直）

雪の降る町を　雪の降る町を
思い出だけが　通りすぎてゆく
雪の降る町を　遠い国から落ちてくる
この思い出を　この思い出を
いつの日か包まん
あたたかき　しあわせのほほえみ

雪の降る町を　雪の降る町を
足音だけが　追いかけてゆく
雪の降る町を　ひとり心に満ちてくる
この悲しみを　この悲しみを
いつの日かほぐさん
緑なす春の日の　そよかぜ

山形県には川が幾筋も流れ、羽黒山、月山《がっさん》、湯殿山《ゆどのさん》の出羽三山《でわさんざん》とよばれる山や修験道の修行の場となる由緒ある寺社が点在しています。深い山林から伐《き》り出される木材。田畑で作られる豊富な穀類や果物。山の幸、海の幸に恵まれた土地です。

幕藩時代の東北には、藩ごとにそれぞれの性格があり、たとえばいまの青森県でいえば、南部藩の一部と津軽藩が、明治の廃藩置県により、青森県として一つにされました。二つの藩には全く違う気風がありましたが、やがて時間が経《た》つうちに、県の持ち味、県民性が出てきたようです。とくに山形は、明るく洗練された独特の文化の香りのする県民性を生み出したと思います。それがまたおもしろい。

昔、山形の農村部には若勢《わかぜ》という制度がありました。田畑《でんぱた》を持たない農村の二男、三男が大きな農家に所属して、そこでずっと働いていくというしきたりです。一九五〇年代の半ばころ、その若勢の人たちが労働組合を作ったというので大きな話題になり、私も余目《あまるめ》（現・庄内町余目）という所に取材に行ったことがあります。

二十年ほど前、東北芸術工科大学助教授だった赤坂憲雄《のりお》さん（現・学習院大学教授、福島県立博物館館長）が中心になって、東北地方の文化、民俗、歴史などを学際的に総合研究する〝東北学〟という分野を提唱されました。

『東北学』という雑誌（一九九九年創刊）も出され、それに刺激を受けたのか、『津軽学』『盛岡学』『会津学』『仙台学』など、東北各地で次々に姉妹マガジンが誕生しました。赤坂さんをはじめ、東北各地の土地の文化を掘り起こし、光を当てようとしてこられた多くの先人の努力のたまものだと思います。

都会的な歌姫・岸洋子の山形弁

私は若いころ、音楽プロダクションでＣＭソングを作っていました。そのプロダクションに岸洋子さんが所属されていました。岸洋子さんは、酒田の出身です。東京藝術大学で本格的に歌を勉強されてから、銀座のシャンソン喫茶「銀巴里《ぎんパリ》」で歌い始めたのです。

姿よし、声よし、歌よしで、『夜明けのうた』など大ヒット曲がありますが、当時、大阪労音（大阪勤労者音楽協議会）を中心にミュージカル運動を展開されていた藤田敏雄さんが詞を書き、いずみたくさんが曲を付けたこの『希望』も、一世を風靡《ふうび》する大ヒット曲になりました。

希望　（作詞＝藤田敏雄　作曲＝いずみたく）

希望という名の　あなたをたずねて
遠い国へと　また汽車にのる
あなたは昔の　私の思い出
ふるさとの夢　はじめての恋
けれど私が　おとなになった日に
だまってどこかへ　立ち去ったあなた
いつかあなたに　またあうまでは
私の旅は　終りのない旅

希望という名の　あなたをたずねて

今日もあてなく　また汽車にのる
あれから私は　ただひとりきり
あしたはどんな　町につくやら
あなたのうわさも　時折聞くけど
見知らぬ誰かに　すれ違うだけ
いつもあなたの　名を呼びながら
私の旅は　返事のない旅

ドレスの着こなしやアクセサリーのつけ方まで、全身が洗練されていて、しかもゴージャスで都会的な雰囲気の岸さんですが、ふだん話すときは山形弁が交じって、素朴なおもしろい方でした。あるとき事務所で岸さんがラーメンの出前をとって食べていたんですが、お箸に何か黒いものがひっかかった。岸さんはものすごい近視なんです。そのとき眼鏡をかけていなかった。

「これは何？　フカヒレかしら」

と言いながらパクッと口に入れてもぐもぐしているかと思ったら、

「あら、やだ。付け睫毛《まつげ》だわ」（笑）。

いまだに忘れられない思い出です。

山岳信仰の風土が育んだ精神文化

山形には日本海の交通の要衝として栄えた酒田という文化の大きな流入口があり、外部からの刺激に敏感でした。また、山間部には宗教の道場や霊場なども多かったので、教養度が高かったのではないでしょうか。そのせいか芸術家や作家など、優れた人物を輩出しています。

医師で歌人の斎藤茂吉さん、写真家の土門拳《けん》さん、作家の藤沢周平さん、井上ひさしさん、文芸批評家の丸谷才一さん、みんな山形の出身です。藤沢さんや井上さんとは、直木賞の選考委員会でご一緒させていただいたことを懐かしく思い出します。

こういった文化人たちの独特の感性を育んだのは、山形の風土にあるのではないでしょうか。

宗教的で神秘的な感じのする梵字川《ぼんじがわ》という名の川があります。この川は新潟県境から発して、月山、湯殿山の谷間を流れ、酒田で海に注ぐのですが、途中で合流して赤川《あか》という名に変わります。私の解釈では、赤川の「赤」はラテン語の「水」を意味する「アクア（aqua）」という言葉からきたものだと思います。「アクア」は古代インド語から生まれた言葉で、仏教でも仏さまに供える聖なる水のことを「閼伽水《あかみず》」と言います。また、梵字川の「梵字」とは、まさに仏典を書き記したサンスクリットのことですから、あながち根拠のないことでもなさそうです。

『最上川舟唄』のルーツは舟曳き歌

山形の川というと、多くの方が最上川を思い浮かべるのではないでしょうか。

五月雨《さみだれ》をあつめて早し最上川

と、芭蕉の句で詠《よ》まれた、最上川の川べりに立つと、その水量の豊かさに圧倒されます。最上川は昔から、船に米や材木などの物産を積んで下流に運ぶ、重要な水運の役割を担ってきました。下ってきた船は、荷を下ろすとまたさかのぼらなければなりません。そのために、船から太い縄を出して、体にその縄を結び付けて、上流をめざして岸から曳《ひ》いていく人たちがいました。急流にさしかかると、岩とか木の根につかまりながら、這《は》うようにして船を曳き上げていくんです。想像するだけでも大変な重労働だっただろうと思われます。

そこで思い出すのが、『最上川舟唄《ふなうた》』という曲です。戦前の一九三六（昭和十一）年に、新民謡として作られたものですが、一九四七（昭和二十二）年の東日本民謡コンクールで一位になって有名になり、いまでは山形の民謡というと『最上川舟唄』と言われるほどになりました。もとになるメロディーや掛け声が土地の人びとにあったのでしょうけれども、ロシアの労働哀歌『ヴォルガの舟唄』のイメージを重ねたそうです。

最上川舟唄　（編詞＝渡辺国俊　編作＝後藤岩太郎）

酒田行くから　達者《まめ》でろちゃ
ヨイトコラサノセー
はやり風邪など　ひかねよに
エーンヤァエーエ　エーンヤァエード
ヨーイサノマカーショ　エーンヤコラマーカセ
股大根《まつかんだいこ》の塩汁煮《しょつしるに》
塩がしょぱくて　食《くら》わんねちゃ
エーンヤァエーエ　エーンヤァエード
ヨーイサノマカーショ　エーンヤコラマーカセ

亡き母の卒塔婆供養をした寺

山形には出羽三山など山岳宗教の霊場がたくさんありますが、神社仏閣の中で私にとって最も印象深いのは立石寺《りっしゃくじ》です。

閑《しずか》さや岩にしみ入《い》る蟬《せみ》の声

通称山寺《やまでら》と呼ばれる立石寺で、芭蕉はこの有名な句を詠みました。立石寺は山形市にある天台宗の寺院です。私も夏に行ったことがあります。俳句のままにセミの声がずっと聞こえるので、「これは観光客へのサービスで、スピーカーで流しているのだろう」と思ったら、本物のセミの声でした。

立石寺では、卒塔婆《そとば》に故人の戒名《かいみょう》を書いて、岩肌に設けられた奉納所に納めることができるようになっています。私も「帰貞釈尼妙宗信女《きていしゃくにみょうそうしんにょ》」と母親の戒名を書いて、奉納させていただきました。あれから何十年も経ちますから、あの卒塔婆も色褪《あ》せ、朽ちてしまったと思いますが、ひょっとしたらまだ端のほうに残っているかもしれません。母の供養の卒塔婆を置いてきたことで、いまでも山形と自分がどこか繫《つな》がっている気がしてしまいます。

山形出身で、もう一人外すことのできない歌の上手な方がいます。厳密には歌い手さんとは言えないかもしれませんけれど。NHKから依頼されて私が作詞し、故三木たかしさんが作曲した歌があります。曲ができて、「だれに歌わせようか」という相談になったとき、私がすこぶる大胆な提案をしたんです。

おそらくその方は、当時まだ、歌のレコーディングをしたことはなかったと思います。私はその人に豊かな表現力があることも知っていましたし、もし歌えば絶対うまいだろうという確信があったので、「ぜひこの人に歌ってもらいたい」と粘りました。

その人の名前を聞いてNHKの担当の方も、三木さんも驚いていましたが、岸洋子さんと同郷でもありますから、私はシャンソン調のその歌を歌えるんじゃないかと思ったのです。

昼の花火　（作詞＝五木寛之　作曲＝三木たかし）

青い空に　花火があがる
白いけむり　遠い音
子供たちも　ふり向かず

街中が　知らん顔
なんてさびしい　昼の花火
なんて間抜けな　わたしの人生
　＊ああ昼の花火のような　虚《うつ》ろなこころ
　ああ昼の花火のような　わたしの愛

笑いながら　別れたころを
思い出して　涙ぐむ
こんな日には　夢の中で
バーキンなど　買いますか
そうよ自分に　やさしくするわ
そうよ大事な　わたしの人生
　＊くりかえし

劇団「オフィス3〇〇《さんじゅうまる》」を主宰されて、演出家として、また、俳優としても大活躍をなさっている渡辺えりさんに歌っていただいたのです。私の思ったとおり、いい歌になりました。人生の哀歓をしみじみと歌い上げる表現力は、俳優さんならではのものだと思います。優れた俳優は、歌い手としても一流なのですね。

昭和を代表するコメディアンで俳優の伴淳三郎さん、あき竹城《たけじょう》さん、ケーシー高峰さんなど、愉快なキャラクターの方々も山形出身です。山形は何がいちばんの産物かというと、やはり人間だと思います。

宮　城

杜の都のご当地ソング『青葉城恋唄』

宮城県は東北六県の中でもいちばん人口が多く、いろんな面で東北全体の中心ともいえる県です。しかし、東日本大震災で多くの方が亡くなりました。

その二、三週間後に仕事で和歌山に行ったのですが、そこの皆さんが支援物資に何を送ればいいか悩んでいました。被災地に電話したところ、「お線香がほしい」と言われ、大量に用意して送られたそうです。それを聞いて、なんとも言えない気持ちになりました。私も当時は気が動転して、なすすべもなく、ただオロオロと日を過ごすばかりでした。

津波の来た地域では、根こそぎ流されて、家の土台しか残っておらず、まるっきり無の状態になってしまいました。そういう極限の中でも、残された人間は生きていかなければなりません。私自身の経験をいえば、敗戦後の焦土の中で歌に励まされ、歌に慰められて生きてきました。ですから「歌の旅びと」の番組放送時には、被災地域で聴いていらっしゃる方の、立ち直りのようすがになればという気持ちで、マイクに向かいました。

仙台は江戸時代から、屋敷林、防雪林、防風林などの植樹による林も多く〝杜《もり》の都《みやこ》〟と呼ばれていますが、その緑豊かなイメージが魅力的で、高校生のころ、東北大学は憧れの一つでした。ただ試験科目に数学があり、難しそうだったので諦めましたが。

宮城県の首都ともいうべき、仙台を歌った『青葉城恋唄』は、ご当地ソングとして有名ですね。さとう宗幸《むねゆき》さんの歌声は、ゆったりとした時の流れを感じさせてくれます。NHK－FMの番組で、ディスクジョッキーをしていたさとうさんが、視聴者から寄せられた歌詞を編詞したらしいのですが、〝キャッチコピーの塊〟と言っていいくらい名フレーズがいっぱいです。仙台を代表する曲として、これからも歌い継がれていくのではないでしょうか。

青葉城恋唄　（作詞＝星間船一　作曲＝さとう宗幸）

広瀬川流れる岸辺　想い出は帰らず
早瀬躍る光に

揺れていた君の瞳

時はめぐりまた夏が来て
あの日と同じ流れの岸
瀬音《せおと》ゆかしき杜《もり》の都
あの人はもういない

七夕の飾りは揺れて　想い出は帰らず
夜空輝く星に
願いをこめた君の囁き

時はめぐりまた夏が来て
あの日と同じ七夕祭り
葉ずれさやけき杜の都
あの人はもういない

料理好きな伊達政宗と仙台駄菓子

仙台は古くからの都で、弥生時代の遺跡も数多くあります。また、郊外の多賀城《たがじょう》には陸奥《むつ》国の国府跡もあります。古代から東北の中心地だったことがうかがえます。しかし、なんといっても有名なのは陸奥仙台藩の初代藩主・伊達《だて》政宗でしょう。「男伊達」とか「伊達な」という言葉のもとになった人物で、幼いころの病気で片方の目を失明したため「独眼竜」という異名をとりましたが、その呼び名は、私も子どものころから講談本などで耳になじんでいます。

東日本大震災のちょうど四百年前、慶長三陸地震（慶長十六＝一六一一年）と呼ばれる大災害が起きました。大津波が襲い、仙台藩では数千人が亡くなり、田畑も大変な被害を受けたと記録されています。伊達政宗は藩の復興に尽力する中、二年後の一六一三年に支倉常長《はせくらつねなが》をスペイン等に派遣しました。いわゆる慶長遣欧使節です。難局を海外貿易で飛躍に転じさせようという大胆な奇策でもありました。また、政宗はたいへんな食通で、自ら兵糧も開発するほどの料理好きで「馳走《ちそう》とは、旬の料理をさりげなく出し、主人自ら調理して、もてなす事なり」と語り、その料理哲学を実践して、将軍家をもてなしたそうです。名物の凍り豆腐とずんだは、政宗の考案したものだともいわれます。

現在でも、宮城県は「食材王国みやぎ」といわれ、食材の宝庫です。私も初めて三陸のホヤを食べたときは、新鮮で、こんなにおいしいものがあるのかとびっくりしました。昔から、新鮮な海のものが陸揚げされるところですけれど、気仙沼《けせんぬま》のフカヒレなど、加工したものもおいしい。それから仙台の牛タンは有名ですね。海、陸、両方の名物がそろっているんです。冷やし中華の発祥も仙台だそうです。

松江や金沢、京都もそうですけれども、文化の発達したところはお茶菓子が洗練されています。仙台駄菓子として通っているお菓子は有名ですが、これは一般的な駄菓子屋さんのものとは違う伝統的なものです。みそぱん、きなこねじり、うさぎ玉、かるめら焼きなど、職人さんの手作り駄菓子でレトロ感覚なところが、かえってアピールしているのかもしれません。

仙台人は、伊達な一面、じっくりと考える、深みのある人が多いという印象があります。以前、仙台のある大学で講演する機会があって、ヴィクトール・フランクルの『夜と霧』（邦訳一九五六年）を題材にしました。これはアウシュビッツのユダヤ人強制収容所の体験をもとにした記録ですが、話し終えてもパラパラとしか拍手がない。「今日は失敗だったかな。話がぜんぜん通じなかった」と忸怩《じくじ》たる思いで帰ったのです。

ところがそれから一週間、十日、一カ月と日がたつにしたがって、話を聞いてくださった学生さんたちから、手紙がポツリ、ポツリと届くようになりました。読むと、「席を立てないほどの衝撃を受けた」とか、「原作を読んでみた」とか、私の講演への感想を書き認《したた》めた内容だったのです。話をしっかりと受け止め、きちんと考え、返してきてくれる。じっくり型の方が多いんですね。東北の方全体に共通することかもしれませんが、反応はゆるやかだけれど、深いという気質を感じました。

郷土玩具の伝統と温もり

宮城といえば、こけしも外せません。昔、画家の風間完さんと、取材でこけしの里をまわったことがあります。こけしは木地師の伝統を引く細工物で、単なる彫刻土産物というわけではないんですね。以前に、お宝を鑑定するテレビ番組を見ていたら、有名作家のこけしが、一体、百万円以上もしたのにびっくりしました。

宮城の文化人というと彫刻家の佐藤忠良《ちゆうりよう》さんが黒川郡出身です。作家の志賀直哉さん、辺見庸《よう》さんは、いずれも石巻市の出身です。歌手ではフランク永井さんがいらっしゃいます。

フランク永井という芸名は、新しいアメリカ音楽の雰囲気を漂わす持ち歌とマッチしていて、すごく新鮮でした。『有楽町で逢《あ》いましょう』『西銀座駅前』などヒット曲は多いですけれど、個人的には『公園の手品師』が好きでした。フランク永井さんが歌われた『おまえに』という曲がありますが、作曲家の吉田正さんご夫婦の仲睦まじさを、岩谷時子さんが詩にされたのだそうです。フランク永井さんの〝低音の魅力〟溢れる歌です。

おまえに　（作詞＝岩谷時子　作曲＝吉田正）

そばにいてくれる　だけでいい
黙っていても　いいんだよ
僕のほころび　ぬえるのは
おなじ心の　傷をもつ
おまえのほかに　だれもない
そばにいてくれる　だけでいい

そばにいてくれる　だけでいい
泣きたいときも　ここで泣け
涙をふくのは　僕だから
おなじ喜び　知るものは

おまえのほかに　だれもない
そばにいてくれる　だけでいい

俳優では由利徹さん、菅原文太さん、鈴木京香さんも宮城県の出身です。また、中村雅俊さんは被災地の女川町《おながわ》出身で、私の小説『凍河《とうが》』が映画化（一九七六年・斎藤耕一監督）されたとき主役を務めてくださり、相手役だった五十嵐《いがらし》淳子さんは、いま奥さまです。

その中村さんのデビュー曲が『ふれあい』です。

ふれあい　（作詞＝山川啓介　作曲＝いずみたく）

悲しみに　出会うたび
あの人を　思い出す
こんな時　そばにいて
肩を抱いて　ほしいと
なぐさめも　涙もいらないさ

ぬくもりが　ほしいだけ
ひとはみな　一人では
生きてゆけない　ものだから

空しさに　悩む日は
あの人を　誘いたい
ひとことも　語らずに
おなじ歌　歌おうと

何気ない　心のふれあいが
幸せを　連れてくる
ひとはみな　一人では
生きてゆけない　ものだから

いま映画の話題が出ましたが、忘れてならない人が、映画監督の若松孝二さん。遠田《とおだ》郡涌谷《わくや》町出身で、一徹なところが、いかにも宮城県出身者でした。

仙台は東北地方最大の都市ですし、宮城全体の人口の半分近くが集中しています。外から見てひと言で印象をまとめることができないのは、歴史と伝統の深さはもちろんのことですが、その大きさゆえなのでしょう。宮城県の方も長い歴史の中で、さまざまな出来事を経験し、いま被災から立ち上がろうと一生懸命生きていらっしゃる。これからどんなふうに宮城や東北の明日への展望が開けてくるのか、日本列島全体の問題としてみんなが考えていかなくてはならないと思います。

福　島

「会津の三泣き」にみる人情の篤さ

福島県は、東日本大震災に加えて原発事故もあって、いまでもふるさとに帰れない方がたくさんいらっしゃいます。年月がたつごとに、かえって心の痛みが増すように感じます。一日も早い復興をお祈りいたします。

福島県は、太平洋に面した浜通り、中央部分の中通り、山側が会津という、三つの地域に分かれます。それぞれの人柄ですが、浜通りは温厚で人情味がある。中通りは忍耐強く、律儀。会津は、地域意識が強くて、絆を大切にし、NHK大河ドラマ「八重の桜」の名台詞《ぜりふ》、「ならぬことはならぬものです」のように、筋を通す人が多いと言われています。会津の武士道です。

「会津の三泣き」という言葉もあります。よそから来ると、住み辛くて、最初は涙するが、暮らしているうちに、その人情味に泣き、最後は、別れがたくて泣く、ということだそうで、一度心を開くと、情に篤い土地柄なんでしょう。

福島県は、面積でも北海道、岩手県についで三番目に大きい県で、風光明媚《めいび》なところです。私も『百寺巡礼』の取材を兼ねて、県内を歩き回りましたが、いわき市にある寺の白水阿弥陀堂《しらみずあみだどう》（国宝）が印象的でした。会津を舞台に小説を書きつづけてきた、作家の早乙女貢さんは、私の親しい友人で、会ってはよく福島や会津の話をしたものです。

大震災で被災した直後から、ツイッターで『詩の礫《つぶて》』を書きつづけて話題になった和合亮一さんや、長田《おさだ》弘さんは、福島市出身の詩人です。長田さんとは、四、五十年のおつきあいでした。日常的な世界を、やさしい言葉遣いで詠《うた》いながら、人の心の奥深さを描く人でした。

綺羅星のごとき音楽家を輩出

福島は音楽に関係された方が多く、歌手では伊藤久男さん（現・本宮《もとみや》市）、霧島昇さん（現・いわき市）、春日八郎さん（会津坂下《あいづばんげ》町）と、錚々《そうそう》たる方が出ていらっしゃいます。戦中戦後を通じて、それぞれの時代を作った歌い手が、綺羅星《きらぼし》のように出ています。

あざみの歌　（作詞＝横井弘　作曲＝八洲秀章《やしまひであき》）

山には山の　愁いあり
海には海の　悲しみや
ましてこころの　花ぞのに
咲きしあざみの　花ならば

高嶺《たかね》の百合《ゆり》の　それよりも
秘めたる夢を　ひとすじに
くれない燃ゆる　その姿
あざみに深き　わが想い

この『あざみの歌』を歌っている伊藤久男さんは、音楽学校を出て、一時はオペラを目指していたようです。けれど戦地に慰問に行って、流行歌に涙する兵士たちを目の当《ま》たりにして、音楽はこうでなければ、と思ったのでしょう、「おれは流行歌でいく」と、進路を大きく変えたんです。それで、『暁に祈る』や『露営の歌』など、戦時中に歌った戦意高揚歌がたくさんあって、そのせいで戦後の平和な時代になって、ご苦労もあったようです。しかし、そこからまた再起して、『あざみの歌』『山のけむり』『イヨマンテの夜』など、数々の名曲を世に送り出しました。激動する時代を生き抜き、多くの傑作を残した歌い手です。

新しいところでは、近年大ヒットした、連続テレビ小説「あまちゃん」の音楽を手がけた、大友良英《よしひで》さんが福島育ちです。大震災の後、イベントなど福島復興を支援する活動をされているそうです。

作詞家では、舟木一夫さんが歌って大ヒットした『高校三年生』の丘灯至夫《としお》さん（現・小野町）、そして野村俊夫さん（現・福島市）などの名前が思い浮かびます。

野村俊夫さんは、作曲家の古関裕而《こせきゆうじ》さんと、子どものころ一緒に遊んだ仲だそうで、古関さんが上京して、作曲家として独り立ちした後、幼なじみのよしみで、野村さんを東京に誘ったそうです。そういうわけで、野村さんの初めてのレコードは、古関さんと組んだ『福島行進曲』という、ふるさとを歌った曲です。

浪江《なみえ》町出身の佐々木俊一さんが作曲した、『明日はお立ちか』という曲があります。小唄勝太郎さんが歌っていますね。

明日はお立ちか　（作詞＝佐伯孝夫　作曲＝佐々木俊一）

明日はお立ちか　お名残《なご》り惜しや
大和男児《やまとおのこ》の　晴れの旅
朝日を浴びて　いでたつ君よ
おがむこころで　送りたや

駒の手綱を　しみじみとれば
胸にすがしい　今朝の風
お山も晴れて　湧きたつ雲よ
君を見送る　峠道

『明日はお立ちか』がヒットしたとき、私は小学生で、この歌を歌ったりすると「そんな、芸者さんの歌は歌っちゃだめよ」なんて、叱《しか》られたものですが、戦争中に愛唱された歌です。戦争中の歌というと、マーチのような戦意高揚歌や、軍歌のような歌ばっかりだと思われがちですが、じつは抒情《じょじょう》的な歌もあって、ひそかに愛唱されたものです。

作曲家ではほかに、市川昭介さんが郡山市、猪俣公章《いのまたこうしょう》さんが、会津坂下町の出身です。猪俣さんの曲では、テレサ・テンさんの『空港』が有名ですね。市川さんは、戦後の、いわゆる演歌系歌謡の大家です。ただ、猪俣さんは幅の広い作曲家で、いろんなタイプの歌があります。

クラシック音楽では、国際的に活躍される指揮者の小林研一郎さんが、いわき市出身です。小林さんは、ハンガリーのブダペスト国際指揮者コンクールで一位になって、ヨーロッパで活躍するようになりました。ハンガリー国立交響楽団の音楽総監督を長く務め、民間人で最高の勲章をもらうなど、ブダペストでは超有名人で、こちらが日本人とわかると、「コバヤシを知っているか」と、必ず聞かれるくらいです。

東日本大震災のチャリティーソング『I love you & I need you ふくしま』を作製して大ヒットさせた、クリエイターの箭内《やない》道彦さんが郡山市出身です。こうして、いろんな方の作品を並べてみると、福島県出身と一言で括《くく》っていいのかなと思うくらい、幅がありますね。

作家・中山義秀から届いたはがき

文学者では、芥川賞を受賞した中山義秀《ぎしゅう》さんが、現在の白河市の出身です。福島県というと、まずこの方のことが思い浮かぶくらいです。かつて私が直木賞を受賞したとき、中山さんが選考委員のお一人でした。私の候補作は大方の委員には好評だったんですが、中山さんは「この作家の才能にはちょっと危ういところがある。一時の花とでも言うか、将来大成するかどうかわからない」という辛《から》い選評でした。

中山さんは『厚物咲《あつものざき》』など、名作を多く書かれた方で、私もそのファンでしたから、「これは参った」と思い、以後、その苦言を心に刻み、新刊が出るたびにサインをしてお贈りしていたんです。それからかなり年がたってから、たぶんお亡くなりになる直前でしたが、突然、中山さんからはがきが届いたのです。そこには、「小生の直木賞の選評は間違っていました。健筆を祈ります。中山義秀」と一行だけ書かれていた。つまり、ずっと以前お書きになった選評の責任を取られたというか、ずっと私の作品を見ていてくださったということです。その誠実さというか、ずっと年下の後輩に対しても、フェアな姿勢を崩さないお人柄に、ほんとうに感動しました。

僧侶で作家の玄侑宗久《げんゆうそうきゆう》さんが、三春《みはる》町出身です。玄侑さんのご実家のお寺をお訪ねして対談をしたことがあります（『息の発見』平凡社）。

日本回帰したフラメンコの長嶺ヤス子

現在の猪苗代町《いなわしろ》からは、日本が生んだ世界的な医学者・野口英世《ひでよ》が出ています。登山家の田部井淳子さんが三春町、特撮映画『ゴジラ』などの監督・円谷英二《つぶらや》さんが、須賀川《すかがわ》市出身です。

福島県は、炭鉱でも有名です。かつて日本で石炭の採掘が盛んだったころ、二大炭坑節というのがありました。一つは、「月が出た出た」でおなじみの三井三池の『炭坑節』。もう一つは、『常磐《じようばん》炭坑節』。「朝も早よからヨカンテラ下げてナイ」という歌は、全国で歌われたものです。

炭鉱でいいますと、いわき市のスパリゾートハワイアンズは昔の「常磐ハワイアンセンター」ですが、これはかつての常磐炭礦から転身して生まれた娯楽施設として有名です。大震災の後、フラガール全国きずなキャラバンが、「負けないぞ」というメッセージを、踊りで見せてくれました。ダンスといえば、舞踊家の長嶺《ながみね》ヤス子さんも、会津若松市の出身です。

長嶺さんはスペインに行って、フラメンコの修業をされ、日本のフラメンコの踊り手の第一人者でした。最近では、『天城越え《あまぎご》』などの歌で踊るなど、日本古来の舞台に里帰りをしたような活躍をされています。長嶺さんの舞踊を観ていると、福島には、土着的なものと新しいものが入り混じって、別の新しい文化が生まれる素地があるように感じます。

福島県のご当地ソングに、美空ひばりさんの名曲『みだれ髪』があり、塩屋岬（いわき市）が出てきます。星野哲郎さんの作詞で、三番の歌詞には、「春は二重に　巻いた帯、三重に巻いても　余る秋」というのが出てきます。春には二回り巻いていた帯が、秋には痩せて三回り巻いても余ってしまう。それほど恋にやつれて、という意味なんですが、歌詞が高級すぎて、若い人たちにはわからないかもしれません。

みだれ髪　　（作詞＝星野哲郎　作曲＝船村徹）

髪のみだれに　手をやれば
紅い蹴出《けだ》しが　風に舞う
憎や　恋しや　塩屋の岬
投げて届かぬ　想いの糸が
胸にからんで　涙をしぼる

春は二重に　巻いた帯
三重に巻いても　余る秋
暗や　涯《は》てなや　塩屋の岬
見えぬ心を　照らしておくれ
ひとりぼっちに　しないでおくれ

日本の中心というと、東京、ということなんですが、じつは陸奥《みちのく》の福島こそ、日本の中心のように感じることがしばしばです。こうして見てくるとなおさら、福島が日本文化の一つの大きな要を成していることは、確かなことだと思います。

岩手

名もなき青年が作った『北上夜曲』

岩手は、東日本大震災の被害がとても大きかった県です。ですから、それを思い起こすだけで心が痛みます。もともとリアス式海岸の風光明媚な土地ですし、内陸部も自然の宝庫です。その恵みを力にして復興が促進されることを願ってやみません。

岩手県は北海道に次ぐ広さですから、北から南まで、たくさんの地域の文化がより合わさって、一つの大きな県を作っているという感じがします。何度も訪れているつもりだったのですが、盛岡や花巻など限られた地域しか訪れていなかったことに気付きました。岩手県をもっと幅広く訪ね、新しい魅力を発見していきたいと思います。

私は、中心部を大きな川が流れている町にとても魅《ひ》かれます。京都もそうですし、金沢もそうですが、岩手の県庁所在地である盛岡も市内を北上川、雫石《しずくいし》川、中津川と三つの大きな川が流れています。その橋のたもとに立ってみると、遠くに山々が見える。その山々に古い物語がたくさん埋まっていると感じさせる、とても印象的な風景なのです。

岩手の川というと、北上川、歌といえば『北上夜曲』が浮かびます。『北上夜曲』は、抒情的で、センチメンタルすぎるという人もいるかもしれません。でも、歌は人間の情に訴えるものですから、私はいい曲だと思います。逆に、論理的で乾いた歌はあまり聴きたくないですね。

『北上夜曲』の作詞・作曲のお二人、菊地規《のりみ》さんと安藤睦夫《むつお》さんはともに岩手出身です。けれどもプロではないんです。師範学校に入学したころにこの曲を作ったそうで、それが「作詞・作曲不詳」のまま歌声喫茶で歌われて各地に広がり、その後、名乗り出て、お二人の名前が表に出たという経緯がありました。だれが作ったのかわからずに人々の間で歌われ、のちになって作曲者や作詞者がわかるというのは、歌として幸運なことだと思います。

北上夜曲　（作詞＝菊地規　作曲＝安藤睦夫）

匂《にお》い優しい　白百合《しらゆり》の

濡《ぬ》れているよな　あの瞳《ひとみ》
想い出すのは　想い出すのは
北上河原の　月の夜

宵《よい》の灯《ともしび》　点《とも》すころ
心ほのかな　初恋を
想い出すのは　想い出すのは
北上河原の　せせらぎよ

芹《せり》洋子さんが歌う『北上夜曲』を聴いていると、やはり岩手出身の石川啄木《たくぼく》の詩の世界と重なるような気がします。

宮沢賢治が作詞・作曲した『星めぐりの歌』

私が学生のころ、詩人の小野十三郎《とおざぶろう》さん（一九〇三～九六）が、「湿った日本の伝統的な抒情を廃する」という立場から、「もっと乾いた新しい感性を作らなければだめだ」と主張されました。文学部系の学生はこの言葉に刺激されて、抒情や情緒を極力廃し、乾いた湿り気のない文章を書こうと努めたものです。その結果、私も含めて、もの書き志望の若者の多くが、情感のない文章しか書けなくなってしまったという反省があります。

小野さんは大阪文学学校の校長として、多くの作家、評論家を育てられました。小野さんが亡くなった後、その薫陶を受けたある方が語った印象深い話があります。「小野十三郎さんが何かの折に歌を陶然と口ずさまれることがあった。いったいどういう歌だろうとこっそり耳をそばだてたら、啄木が北上川を歌った『やはらかに柳あをめる　北上の岸辺目に見ゆ　泣けとごとくに』だった」というのです。

それを知って感じたのは、小野十三郎さんは、単に抒情を廃するのではなく、古い抒情を壊したうえで、新しい抒情を作り出せと言おうとしたのではないかということです。後になって、やっとそのことに気がついて愕然《がくぜん》としたことがありました。

石川啄木は単なる〝湿った抒情〟だけではない、とてもいい仕事をした人です。私などは強くひかれるのですが、宮沢賢治に比べると不遇な気がします。岩手に行くたびに、啄木の詩だけでなく、その小説や評論がもっと読まれてもいいのにと、思ったものです。

とはいえ宮沢賢治はたしかに魅力的で、岩手出身の芸術家というより、もはや日本を代表する芸術家という印象です。心の深いところに拠り所《よどころ》となる仏教思想をきちんともちながら、東洋西洋という枠を超えた汎《はん》地球的広がりを持った詩人、作家だと思います。

その宮沢賢治が作詞・作曲した歌があるんです。『星めぐりの歌』で、一九八〇年代に活躍したシンガーソングライターのＥＰＯ《エポ》さんが歌っています。

星めぐりの歌　（作詞・作曲＝宮沢賢治）

あかいめだまのさそり
ひろげた鷲《わし》のつばさ
あをいめだまの小いぬ
ひかりのへびのとぐろ
オリオンは高くうたひ
つゆとしもとをおとす

アンドロメダのくもは
さかなのくちのかたち
大ぐまのあしをきたに
五つのばしたところ
小熊のひたいのうへは

そらのめぐりのめあて

宮沢賢治は、音楽にも大変詳しいモダンな人でしたけれども、作曲までやっていたとは驚きました。歌というのは単なる娯楽ではなく、大事なことを伝えるうえで非常に大きな力を持っているからでしょう。キリスト教でも、賛美歌を歌うことによって信仰を高めてきました。現代のゴスペルソングもそうですね。宗教音楽なども含めて、歌には人間の根源につながるところがあるのではないでしょうか。

メルヘンだけではない『遠野物語』の奥深さ

岩手といいますと、柳田國男《やなぎた》（一八七五〜一九六二）がまとめた『遠野物語』が有名です。いまでは「遠野物語」という名をつけたツアーもあるそうです。遠野駅へ降りますと、「メルヘンのふるさと」というようなポスターが、あちこちに貼《は》ってあるのが目につきます。民話を聴かせる催しも人気があるそうで、「遠野詣で」といえるほど多くの人が訪ねてきます。

遠野と聞くと鄙《ひな》びた山村を想像しがちですけれど、昔から栄えていて、いまもわりと大きな町なのです。町の外に足を延ばして、やっと柳田の『遠野物語』の世界にたどりつけるという具合です。

私も取材を兼ねて何度も行ったことがありますが、じつは、『遠野物語』には、座敷わらしや河童《かっぱ》などのよく知られたものだけでなく、猥談《わいだん》に近い話もいっぱいあると地元の方から聞きました。『遠野物語』というと、メルヘンチックなイメージが思い浮かぶかもしれませんが、実際には、人間の根源的なエネルギーである〝性〟につながる話をみんなでして、どっと笑う。そういう雰囲気の中で、妖怪《ようかい》などのさまざまな物語が出てくるのです。

表に出てこないということで例を挙げると、岩手の水沢あたりでは、ある時期、「隠し念仏」（東北地方にあった浄土真宗系の密教）という風習がありました。柳田國男は、『遠野物語』の中で「この地には一種邪教のごときものがあって、その指導者は非常に尊敬されている」と書いています。公に記録された表の世界の隙間《すきま》からのぞく遠野の世界、そこには岩手という世界の、なかなか奥深い魅力があります。

土俗的伝統とモダンが響き合う「縄文ジャズ」

私の大学時代の親友が、偶然ですが何人も盛岡に住みついていて、よく呼んでくれるものですから、あちらに行っては〝同窓会〟をやっています。花巻や水沢にもご縁があって、伺ったことがあります。

岩手というと、日本の中でもとくに土俗的な雰囲気が強いように思われます。けれども、案外モダンなところなんです。たとえばジャズ喫茶がたくさんあります。ジャズピアノの大御所、秋吉敏子さんをアメリカから呼んで大きなコンサートをやったりと、外の新しい文化を吸収しようとするエネルギーにあふれています。岩手県の人びとの作り出すこうしたジャズのことを、私はひそかに「縄文ジャズ」と呼んでいました。

明治、大正を生きた宮沢賢治もチェロを弾いたり、レコードで音楽鑑賞をしたりと大変モダンな人でした。岩手の人は土俗的な一面をもつと同時に、新しいものに対する好奇心が旺盛なんです。

岩手出身の歌手といえば、千昌夫さん、新沼謙治さんのような演歌の方々のほかにも、ニューミュージックの大瀧詠一《おおたき》さんがいます。奥州市出身の大瀧さんの作曲、松本隆さん作詞のコンビでヒットした、『さらばシベリア鉄道』という歌がありました。シベリア鉄道という発想が、まさに岩手県らしいですね。

さらばシベリア鉄道　（作詞＝松本隆　作曲＝大瀧詠一）

哀《かな》しみの裏側に何があるの？

涙さえも氷りつく白い氷原
誰でも心に冬を
かくしてると言うけど
あなた以上冷ややかな人はいない

君の手紙読み終えて切手を見た
スタンプにはロシア語の小さな文字
独りで決めた別れを
責める言葉探して
不意に北の空を追う

伝えておくれ
十二月の旅人よ
いつ……いつまでも待っていると

岩手の食べ物では、最近は冷麵《れいめん》が有名だそうです。冷麵は、本家の朝鮮でも北のほうの名物のようですが、在日一世の方が日本人向けに工夫して売り出したのが、若い人に大人気になってブームになったそうです。盛岡冷麺というのだそうです。

シベリア鉄道、冷麺と例を挙げましたが、岩手には北方を志向する心と、アメリカのジャズなど太平洋へ向かう、二つの精神世界が渦巻いているようにも思えます。

地域の歌や音楽にこそ現れる本当の姿

岩手といえば民謡というイメージもありますけれど、それだけではないのがおもしろいところです。音楽は、生まれ育った土壌の中から生まれてくるものですから、その地域の音楽や歌を見ると、その町、その村、その土地にほんとうに流れているものは何か、アンテナのように探ることができると思います。

ここで、陸前高田市出身の千昌夫さんの歌う『夕焼け雲』をご紹介しましょう。千さんの他の歌と比べると、比較的淡々と歌われているんですが、これがまた味わい深いのです。

夕焼け雲　（作詞＝横井弘　作曲＝一代《いちだい》のぼる）

夕焼け雲に　誘われて

別れの橋を　越えてきた
帰らない
花が咲くまで　帰らない帰らない
誓いのあとの　せつなさが
杏《あんず》の幹に　残る町

二人の家の　白壁が
ならんで浮かぶ　堀の水
忘れない
どこへ行っても　忘れない忘れない
小指でとかす　黒髪の
かおりに甘く　揺れた町

岩手は東日本の中でも、とりわけ大きな存在感を感じる県です。郷土の詩人、宮沢賢治は、ふるさとの岩手を理想郷とかユートピアという意味をこめて、「イーハトーヴォ」とよびました。いまも広く人びとに愛されている賢治や啄木の作品は大切な文化遺産です。

また、日本の民俗学に大きな影響を与えた『遠野物語』にも、もっと深いところにその源流があるのではないかと思うことがありますし、第二、第三の『遠野物語』が書かれたらいいなと思います。

秋　田

小野小町を生んだ美人どころ

「秋田美人」という言葉がありますが、秋田は、平安時代の歌人・小野小町《おののこまち》が生まれたとされ、きれいな女性が多い土地としても知られています。

秋田美人が生まれる理由にはいろいろな説があるそうです。一つは、秋田市は全国の都道府県庁所在地の中でも、日照時間の平年値が日本一少なく、日焼けしたり、しみができたりしにくい。それで肌の白い美人が多いという説。

もう一つ、これは冗談ですけれども、昔から秋田は美人どころといわれたほどですから、恋のトラブルがいろいろあってますます美貌が磨かれたという説。

理由はともかく、秋田には、ほんとうに色白の美人が多いそうです。私は一時期、農村向けの『家の光』という雑誌で働いていましたが、表紙に選ぶのはやっぱり秋田美人でした。ですから秋田美人は、ブランド化されているといえるのかもしれません。

もう一つ「秋田おばこ」という言葉があります。秋田の娘さんのことをさす、お国自慢のすてきな言葉です。秋田は醇乎《じゅんこ》たる方言を残している土地でもあり、とても味がある言葉が多いのです。都会の人たちにも、そろそろ方言の持っている美しさを見直してもらえるといいなと思います。

歌はどうかというと、秋田出身の因幡晃《いなばあきら》さんの『わかって下さい』があります。作詞・作曲、そして歌も因幡さんご本人です。彼は大館《おおだて》工業高校の出身で、長年地元で活躍していたそうです。一九七五年のヤマハのポピュラーソングコンテストに、この歌で参加して最優秀曲賞を獲得し、世界歌謡祭にも入賞して、一気にメジャーになりました。

わかって下さい　（作詞・作曲＝因幡晃）

あなたの愛した　ひとの名前は
あの夏の日と共に　忘れたでしょう
いつも言われた　ふたりの影には
愛がみえると

忘れたつもりでも　思い出すのね
町であなたに似た　人を見かけると
ふりむいてしまう　悲しいけれど
そこには愛は　見えない

これから淋《さみ》しい秋です
ときおり手紙を書きます
涙で文字がにじんでいたなら
わかって下さい

秋田県の歌の一番手が、因幡晃さんの歌というのには、地元の方もびっくりされるかもしれません。なぜなら東北といえば、まず民謡が思い浮かぶでしょうから。でも因幡さんのシャンソン系の曲想の曲が花開く土壌というのは、じつは秋田が日本海から外に向けて開かれ、国際的な面があるせいじゃないでしょうか。

秋田は日本的というよりは、昔の表現でいうとバタ臭いところがあります。秋田美人もいわゆる日本美人とは違って、いろんな血が流れているのではないかと思わせます。秋田を単に東北の雪国の一つと思ってはいけない。秋田は変革と進歩を繰り返してきた土地なんです。

「竿燈」に「かまくら」、お祭り好きの土地柄

秋田は、北国なのに、深い雪の下でじっと耐えて春を待っているというよりも、元気があって、華やかで、陽気なイメージがあります。東北の中では、パッと花が開いたような感じがする地域です。雪がその土地の責め苦、苦しみの象徴になっている地方もあるでしょうけれども、秋田の人たちは「秋田の雪はきれいだ」と感じている。雪をそんなに苦には思ってはいない、むしろ楽しんでいるのではないかと感じるときがあります。小正月に雪で小さな家を作り、神様をおまつりし、その中で甘酒やお餅などをいただく「かまくら」という、子どもたちの楽しい行事がありますね。秋田の「かまくら」は、冬の日本の風物詩と言えますね。

秋田は二〇〇七年度から始まった文部科学省の全国学力テストで、常にトップクラスだそうで、スポーツも盛んです。秋田県出身の方たちをあげると、スポーツ界では体操選手が多いことにびっくりします。ローマオリンピック（一九六〇年）などで金メダルを五個とっている小野喬《たかし》さん、東京オリンピック（一九六四年）などで金メダルを五個とった遠藤幸雄《ゆきお》さんと、世界を制した圧倒的な選手を輩出しているんです。

夏の竿燈《かんとう》まつりはとても威勢がいいし、大曲《おおまがり》の花火大会も、競技花火とでもいうのでしょうか、コンテストみたいな形です。お祭りに事寄せて、自己表現することが好きな県民性かもしれません。

昔、秋田の夜の紅灯の賑《にぎ》わいは、とても華やかだったようですが、ここ十年、二十年と変わってきて、町も寂しくなってきた感じがします。でも、秋田駅あたりには大きな公園やお堀があって、図書館に美術館、郷土文学館など、いろんな文化施設がそろっていて、歴史的にも文化の奥行きのある、味わい深い町です。

秋田からは、江戸時代に安藤昌益、平田篤胤《あつたね》など、すごい思想家が出ています。平田篤胤の著作には、霊界から戻ってきた子どもの話などの怪異譚《かいいたん》がありまして、神秘思想の、ユニークな学者です。勉強家で、当時の蘭学やキリスト教なども研究していました。国語教師だった私の父親は、この平田篤胤と賀茂真淵《かものまぶち》に傾倒していました。

作曲家としては成田為三さん（一八九三〜一九四五）が有名です。『浜辺の歌』『かなりや』『赤い鳥小鳥』など、国民的名曲と言っていい歌をたくさんお書きになっています。

浜辺の歌　（作詞＝林古渓《こけい》　作曲＝成田為三）

あした浜辺を　さまよえば

昔のことぞ　しのばるる
風の音よ　雲のさまよ
よする波も　かいの色も

昔はこういう抒情歌を大人、子どもの別なく愛唱したもので、いくつになっても歌詞を忘れません。それだけ歌ってきたということなんでしょう。

ただ、残念なことに、秋田は明るい面がある一方で、自殺率が全国で一番高い（厚生労働省「人口動態統計」）そうです。病苦からの自殺が多かったそうですが、若い人が少なくなって、地域のコミュニティーが崩壊してきた。そういうことが、背景にあるのではないでしょうか。

かつてしっかり支えあっていたところほど、そのつながりが欠けると、心の受ける傷は大きいという証拠かもしれません。この問題について地元の人たちの危機感は非常に強く、私も何度か自殺防止のシンポジウムに参加しました。行政、教育、マスコミ、宗教関係者など、県を挙げての取り組みが効果をあげはじめているようです。

根性のスター・東海林太郎

往年の大スター、東海林《しょうじ》太郎さんも秋田市の出身です。ロイド眼鏡にえんび服、直立不動で歌う姿は、生真面目《きまじめ》で朴訥《ぼくとつ》な感じを残しつつ、明るさもある。東海林太郎さんのそういうところは、秋田の土地柄なんでしょうか。

東海林さんは早稲田大学を出て、満鉄（旧・南満州鉄道）をはじめ、いろんなところへ勤めたんですが、歌への思いを諦《あきら》めきれず、三十代半ばで歌手デビューしました。『赤城《あかぎ》の子守唄』が大ヒットしたのは一九三四（昭和九）年、私がまだ二歳のころだったと思います。東海林さんは大器晩成型で、根性がありますが、これも秋田の県民性かもしれません。

その『赤城の子守唄』と同じ年に東海林さんが歌った『国境の町』も大ヒットしました。非常に懐かしい曲です。私は幼いころ、かつての植民地だった外地にいて、夏休みに父親に連れられて旧満州（現・中国東北部）のハルビン、奉天（現・瀋陽《しんよう》）など、まさに国境の町を旅行したことがあるんです。その当時、外地の日本人の間でも愛唱された歌で、父親もこの曲が好きでした。

国境の町　　（作詞＝大木惇夫《あつお》　作曲＝阿部武雄）

橇《そり》の鈴さえ　寂しく響く

雪の曠野《こうや》よ　町の灯《ひ》よ
一つ山越しゃ　他国の星が
凍りつくよな　国境《くにざかい》

故郷はなれて　はるばる千里
なんで想いが　とどこうぞ
遠きあの空　つくづく眺め
男泣きする　宵もある

みんなで、イントロから口三味線で歌ったものです。この歌を聴くと、あの時代が彷《ほう》彿《ふつ》としてきますね。

「秋田のえふりこき」とは

「津軽のじょっぱり、秋田のえふりこき」という言葉があります。えふりこきとは、ええ格好《かっこ》しいという意味なんだそうです。そういえば、秋田は、人口当たりの美容院の数が全国でいちばん多く、理髪店も多いそうです。「秋田の着倒れ、食い倒れ」という言葉も耳にしますから、秋田の人は、流行に敏感で、楽しむことにはお金をおしまないのかもしれませんね。

プロ野球の落合博満さんも、南秋田郡若美町（現・男鹿《おが》市）出身です。落合さんは数年前まで中日の監督をされていましたが、テレビ中継で彼を見ていると、ベンチの奥に引っ込んで顔色一つ変えずにジーッとしている。でも、ほんとうは陽気で明るいタイプなのを抑えているのではないかと思いました。

秋田の人たちの本性は、簡単には摑《つか》みにくい気がします。辛抱強く、粘り強い一方で、とても派手好きで、明るくて、陽気です。秋田の県民性を象徴するものとして「えふりこき」という言葉に触れましたが、他人の目に自分がどう映っているかということに敏感なんです。落合さんの監督時代の動きを見ていても、自分の姿が、チームやマスコミにどういう効果を与えるかを、緻密に計算し冷静に判断されている。そういう一面がある気がします。

でも、落合さんには意外な面があるんです。私が若いころ、レコード会社にいたとき、のちに『珍島《チンド》物語』などを作詞・作曲した中山大三郎さんが「落合さんの歌をいくつも書いているよ。あの人は歌がうまいし、味があるんだ」というのを聞いて、驚いたことがあります。実際、落合さんのＣＤが出ていて、その中には皆さんもご存じの歌、『夕焼け雲』も入っています。

夕焼け雲　（作詞＝横井弘　作曲＝一代のぼる）

夕焼け雲に　誘われて
別れの橋を越えてきた　帰らない
花が咲くまで帰らない　帰らない
誓いのあとの　せつなさが
杏《あんず》の幹に　残る町

二人の家の　白壁が
ならんで浮かぶ堀の水　忘れない
どこへ行っても忘れない　忘れない
小指でとかす　黒髪の
かおりに甘く　揺れた町

聴いてみると、落合さん、歌がとても上手なんです。アマチュアがレコードを出すときに、中途半端にプロっぽいと嫌味に聞こえるものです。でも落合さんは、素人であることをわきまえつつ、こぶしを回すところは回し、ためるところはちゃんとためて歌っているので、好感がもてます。それに、なんといっても彼の人柄が出ていて、味があります。

青　森

ブルースの女王の「じょっぱり」魂の歌

青森県は、津軽と南部に分かれますが、とくに津軽は、私のこころの故郷と思うくらい、ご縁が深いんです。

『津軽漂流記』など、三十年、四十年前に書いた文章があるんですけれども、読み返すと、よくまあ青森県のあちこちを旅したものだなと思います。

その青森の歌手といえば、筆頭は淡谷《あわや》のり子さん（青森市出身）でしょう。ブルースの女王と呼ばれていましたけれど、生き方も個性的でした。男は国防服、女はもんぺの戦時色濃厚な時代に、華麗なドレス姿に香水のかおりを漂わせるスタイルを通し、軍部から目の敵にされていたんです。

戦争中、「ブルース」という言葉自体が、敵性用語の時代に、淡谷さんは、退廃的と言われるブルースを歌いつづけた、反骨精神あふれる青森県人でしたね。青森の歌い手さんには、人間臭さとか、懐かしさ、それに加えて、言葉にできない地熱のようなものを感じます。

雨のブルース　（作詞＝野川香文《こうぶん》　作曲＝服部良《はっとり》一）

雨よ降れ降れ
なやみを　ながすまで
どうせ涙に　濡《ぬ》れつつ
夜《よ》ごと嘆く身は
ああ　かえり来ぬ
心の青空
すすり泣く　夜の雨よ

淡谷さんという歌い手さんは、日本人にはすごく珍しいタイプで、メロディーの音程を下がり気味に歌うんです。戦争に向かって突き進んでいくような時代には、イケイケドンドンと、音程がシャープして上がっていくような、景気のいい歌い手さんのほうがいいわけです。にもかかわらず、淡谷さんは、ずっと自分の個性を貫き通した。私の尊敬する歌い手さんです。

津軽ことばの「じょっぱり」は、「頑固者」の意味だそうです。淡谷さんにも、そんな「じょっぱり」の負けじ魂を感じます。私が津軽でおつきあいのある人たちは、みんなそうです。中央に対する反発や、体制の中に簡単に組み込まれまいとする、反骨精神というものがあって、すごい魅力を感じます。

いかにも津軽という音楽家が、津軽三味線の初代高橋竹山《ちくざん》さん。現在の平内《ひらない》町の出身です。東京・渋谷のライブハウス「ジァン・ジァン」で、ご一緒したことがあります。竹山さんの津軽三味線を、初めて聴いたときのショックは、いまでも忘れられませんね。

竹山さんは「津軽三味線は最初の一声で、客をどってんさせねばまいね」(最初の音で、お客さんをびっくりさせなければいけない)とおっしゃっていました。津軽の三味線弾きの大道芸は、〝ボサマ〟などと言われて、長く偏見と差別の目で見られていたものです。でもだからこそ、その中から出てくる音楽には、魂が揺さぶられるような、深い魅力があるんです。

戦後をリードした異形の才能たち

劇団「天井桟敷《てんじょうさじき》」の寺山修司さんが、弘前《ひろさき》市の出身です。寺山さんは短歌の世界から出てきて、詩人、演出家、舞台のプロデューサー、競馬やボクシングの観戦記事までこなす、多才な人でした。一度、私の部屋で雑誌の対談をしたことがありましたが、部屋に入ると、本棚や壁に積んである私の蔵書を一つ一つ見るんです。「私は、その人がどういう本を読んでいるかに興味があるんですよ」と言っていました。

はじめはとっつきにくい感じでしたが、しゃべりだすと止まらない人でした。本業を問われると、「僕の職業は寺山修司です」と常々語っていたらしいです。寺山さんは作詞も手掛け、『時には母のない子のように』という大ヒット曲もあります。作曲の田中未知さんは、寺山さんの秘書兼劇団のマネージャーもしていらした方なんです。

時には母のない子のように　　（作詞＝寺山修司　作曲＝田中未知）

時には母の　ない子のように
だまって海を　みつめていたい
時には母の　ない子のように
ひとりで旅に　出てみたい
だけど心は　すぐかわる

母のない子に　なったなら
だれにも愛を　話せない

これを歌ったカルメン・マキさんもそうですが、寺山修司さんは人の才能を見抜くセンスがありました。

明治時代、新聞『日本』を創刊し、正岡子規を雇い、子規の病床の生活を最後まで支えたジャーナリスト、陸羯南《くがかつなん》が弘前市の出身です。才能のある方を支える伝統があるのかもしれませんね。

北津軽郡出身の歌手、三上寛《かん》さんにも、寺山さんと相通じるものを感じますね。若いころは挫折つづきで、冤罪《えんざい》で学校を退学になったといいます。上京して板前になろうと思ったけれど、うまくいかず、結局歌手になったと言っていました。デビューしたころから、怒鳴るような激しい歌いぶりでね。見た目も迫力ありますから、俳優としても強烈な個性を発揮していましたね。

本や詩集も多く出しています。『三上寛の夢は夜ひらく』という、おもしろい曲があって、藤圭子さんの歌のパロディーなんですが、三上さんならではの発想と歌声ですね。

三上寛の夢は夜ひらく　（作詞＝三上寛　作曲＝曽根幸明《こうめい》）

七に二をたしゃ九になるが
九になりゃまだまだいい方で
四に四をたしても苦になって
夢は夜ひらく

サルトル　マルクス並べても
あしたの天気はわからねえ
ヤクザ映画の看板に
夢は夜ひらく

風呂屋に続く暗い道
40円の栄光は
明日《あした》のジョーにもなれないで
夢は夜ひらく

みんなが『あしたのジョー』（ちばてつや）や、高倉健さんのやくざ映画を観ていた時代の歌です。学生運動が盛んで、寺山修司さんたちのアバンギャルド（前衛）運動があった時代を思い出させます。

銀巴里に響いた津軽弁の歌

青森出身の作家で、誰もが知っているのが、太宰治《だざいおさむ》です。五所川原市（旧・金木町《かなぎ》）に生家があり、いまは記念館になっていて、「斜陽館」と呼ばれています。私が印象的に感じたのは、敷地を囲むレンガの塀が高かったことです。当時の大地主は、不況で農民たちが次々に土地を手放していく中、それをどんどん買収して大きな地主になったものが多いので、防御の構えがものものしかった。太宰には、そういう生家への、一種の反抗心みたいなものがあったんじゃないかと思います。

作家ではほかに、佐藤愛子さんの父・佐藤紅緑《こうろく》さんと石坂洋次郎さんが、弘前市の出身です。

私たちは高校生のころ、『若い人』をはじめ、石坂洋次郎さんの作品を愛読したものです。作家として、私にとっても大先輩です。司馬遼太郎さんが、あるとき石坂さんに向かって、「あなたの『青春の門』はおもしろいね」と言われたことがあったらしいんです。『青春の門』は私の作品なので司馬さんの勘違いだったのですが、答えに窮した石坂さんはとっさに「ありがとうございます」って答えてくれたそうです。後で石坂さんご本人からその話を聞いて、「すみません」と謝るはめになりました。

青森では、さまざまな新しい文化的な試みも生まれているようです。十数年前、民俗学者の赤坂憲雄さんが、「東北学」という一つのジャンルを打ち立てて、大きな話題になりました。蒔《ま》かれた種が、東北のあちこちで芽を吹いて、青森で『津軽学』という雑誌も出ました。民話や言い伝え、現在の津軽の人々の生活を記したりしています。「ゆきのまち幻想文学賞」（主宰・ゆきのまち通信＝青森市）と並んで、がんばっています。

さきほど話が出た三上寛さんは、著作を地元の津軽書房という出版社から出していました。弘前市出身の作家、長部《おさべ》日出雄さんの直木賞受賞作『津軽じょんから節』を収録した、『津軽世去れ節』という本を世に出したのも、津軽書房でした。地方で出版をやっていくというのは、大変なことなんですが、良書を多く出して地域の文化に貢献しています。

その津軽書房に、青森市出身の高木恭造さんの方言詩集『まるめろ』があります。青森出身の、くどうべんさんというシャンソンの歌い手が、この詩集から『陽コあだネ村』（陽の当たらない村）という作品を歌っています。くどうさんは、この津軽弁の歌を、銀座の「銀巴里」というライブハウスで歌ったんですよ。ご存じのとおり、銀巴里は、若いころの美輪明宏《みわあきひろ》さんなどが出演されていた、日本のシャンソン文化の発信地です。そこでみんなが、フランス語でおしゃれに歌っている中で、くどうさんは津軽弁。ところがですね、その津軽弁が、ほかの人のフランス語より、よっぽど美しく響いていたんですよ。

女優の奈良岡朋子《ともこ》さんが、戦時中、お父さんの故郷である津軽に疎開していたそうですが、その縁でしょうか、高木恭造さんの詩をよく朗読されています。

歌手では、弘前市出身の、奈良光枝さんが『赤い靴のタンゴ』を歌っています。

赤い靴のタンゴ　（作詞＝西條八十《やそ》　作曲＝古賀政男）

誰がはかせた　赤い靴よ
涙知らない　乙女《おとめ》なのに
はいた夜から　切なく芽生えた
恋のこころ
窓の月さえ　嘆きをささそう

死者の眠る山・恐山のいたこさん

青森では、恐山《おそれざん》のことは外せません。恐山は、高野山、比叡《ひえい》山と並んで、日本三大霊山と言われるスピリチュアルな所です。

死者の眠る山とされて、夏の大祭のときには多くの方が来られて、宇曽利《うそり》山湖のほとりの、極楽浜で、亡くなった縁者に呼びかける。死者と交感する霊媒師のいたこさんが店を並べています。最近はお年寄りのいたこさんだけでなく、若くてきれいな娘さんのいたこさんもいて、アイドル並みの人気なんです。

私は年配のいたこさんにお願いして、亡くなった弟を呼び出してもらったことがあります。生前、相当きつい九州弁を話していた弟が、出てきたら、流暢《りゅうちょう》な津軽弁になっていたのがおかしかったですけれどね。

青森からは、作曲家もたくさん出ていて、上原げんとさんが、現在のつがる市出身です。戦中戦後と大ヒット曲をたくさん出された方で、美空ひばりさんにも『港町十三番地』『私は街の子』など、何曲も作っています。

私は街の子　（作詞＝藤浦洸《こう》　作曲＝上原げんと）

わたしは街の子　巷《ちまた》の子
窓に灯《あか》りが　ともる頃
いつもの道を　歩きます
赤い小粒の　芥子《けし》の花
あの街角で　ひらきます

美空ひばりさんは、横浜市出身ですが、彼女の持ち歌に『リンゴ追分』『津軽のふるさと』など、津軽を歌った名曲がいっぱいあります。青森県には、昭和の大歌手をも惹《ひ》きつける大きな魅力があるのでしょうね。

北海道

函館港の民謡酒場と『江差追分』

「歌の旅びと」も津軽海峡を渡り、いよいよ今回は北海道です。

私が、最初に北海道へ行ったのは、二十代の後半でした。農村を中心に何百万部と出ていた『家の光』という雑誌があるんですが、そのころ、その雑誌の記者をしていて、取材で函館に行ったのです。

青森駅の長いホームを歩いて、青函《せいかん》連絡船に乗船、いちばん安い切符だったので、船底の大広間のようなところが座席でした。向こうでお酒を飲んでいる乗客もいれば、こっちじゃ花札をやっている乗客がいる。そうやって津軽海峡を越えて函館に着いたときは、外国に来たような気持ちがしまして、でも同時に、ふるさとに帰ってきたような安心感もあったのです。

そのころ北海道の人たちは、海峡から南のことを「内地」と呼んでいて、私自身が外地からの引き揚げ者ですから、その言い方を聞いてほっとしたものです。

函館港では、栈橋のあたりから、通りの左右に民謡酒場がずらっと並んでいて、夕方になると、三味線の音に乗って北海道民謡を歌う声が流れてくるんです。

風情がありましたね。『江差追分《えさしおいわけ》』の大会というのもあるんです。『江差追分』だけを歌う大会で、外国からの参加者もいる、とても有名な大会で、私も江差まで足を延ばしたことがあります。

江差は、渡島《おしま》半島の日本海側にある港で、昔は北前船が寄港し、メインストリートには立派な倉庫が並んでいました。坂の町で、日本で一、二を争う強風の吹く場所だそうで、強風の中で『追分』を練習している人の姿を見かけました。専門の道場が六つぐらいあって、私も〝入門〟させてもらったことがあるんです。生徒がちょっと音を外すと、道場で聴いている人が溜息《ためいき》をついて、タバコを吸い始める。それくらい聞き巧者がいっぱいいたんです。

北海道のイメージは、緑と雪の白だと感じる方も多いかもしれません。『白い花の咲く頃』という歌がありますね。歌っている岡本敦郎《あつお》さんは、小樽《おたる》市出身です。敗戦後、私が中学、高校のころにすごく流行《はや》った懐かしい曲です。たしかＮＨＫの「ラジオ歌謡」だったと思います。岡本さんは、「ミスターラジオ歌謡」と呼ばれていたそうで、デビュー曲『朝はどこから』や『高原列車は行く』など、いろいろ歌っていらっしゃいます。

白い花の咲く頃　（作詞＝寺尾智沙《ちさ》　作曲＝田村しげる）

白い花が咲いてた
ふるさとの　遠い夢の日
さようなら　と言ったら
だまって　うつむいてた　お下げ髪
悲しかった　あのときの
あの白い花だよ

『網走番外地』と学生運動

北海道の言葉には、独特のイントネーションがあって、とくに若い女の子が話すのを聞くと、いい感じなんです。「いいっしょ、そんなこと」とか「あずましくないね」とか。「あずましくない」は、居心地が悪いということらしいんです。

それから、道路脇に「熊に注意」という看板が出ていたり、道央の富良野《ふらの》のほうでは、どこまで行っても人家が見えないくらいです。北海道には、原生林が広がる自然がたくさん残っているんです。信号もあまりないので、いろんな色彩の花が咲いている一直線の道を、車で走る快感ときたらないですね。

熱気球に乗りに、北海道のずいぶん奥のほうまで行ったこともあります。女満別《めまんべつ》空港から網走《あばしり》を通って行きました。映画の『網走番外地』のイメージがあるものですから、ちょっと身構えて行きましたけれど、じつに美しい自然に恵まれたところでした。『網走番外地』の歌も、高倉健さんが歌って大ヒットしました。『網走番外地』の曲は、囚人たちの間で歌われていたものを整理して、映画で使ったそうです。

網走番外地　（作詞＝矢野亮《りょう》　作曲＝不詳）

馬鹿《ばか》を　馬鹿を承知の　この稼業《かぎょう》
赤い夕陽《ゆうひ》に　背を向けて
無理に笑った　渡り鳥
その名も網走番外地

きらり　きらり流れた　ひとつ星
どうせどこかで　消える奴《やつ》
ぐれた俺《おい》らの　身のはてを
泣いてくれるは　あの娘《こ》だけ

『網走番外地』がヒットしたのは、一九六〇年から七〇年にかけて、学生運動が盛んだったころです。学生が熱狂して仁侠《にんきょう》映画を観に行き、「義理と人情を秤《はかり》にかけりゃ義理が重たい男の世界～」（『昭和残侠伝　唐獅子牡丹《ぼたん》』の主題歌）などと歌った時代でした。国定忠治《ちゅうじ》の『名月赤城山《あかぎやま》』（歌＝東海林太郎）や浪曲『清水次郎長伝』など、任侠ものは古くから大衆の人気を得ていました。日本人は任侠の世界を否定しながらも、心の底では一抹の共感を寄せていたんでしょう。

石原兄弟が育った港町・小樽

北海道の観光名所は数々ありますが、札幌だと旧道庁の赤レンガ庁舎、時計台などが有名です。私の小説『青春の門』の一部では、札幌や支笏《しこつ》湖のあたりを舞台にしているものですから、時計台の真ん前の旅館に泊まりこんで、書いていたこともあります。初めて泊まったとき、おがくずを丸めて炭団《たどん》のようにしたのを、一、二時間おきに起きてはストーブに入れて夜を過ごしました。そのころは、後ろに大きなビルがなかったので、時計台もけっこう堂々として見えたものです。

いまでこそ、札幌は大都会ですが、もともと北海道は、函館、小樽あたりから開けていったんです。長崎しかり神戸しかり、文明開化の波が最初に入ってくるのは貿易港なんです。函館にはトラピスチヌ修道院が建てられましたし、市電とかカフェ、パン屋さんなども早くからありました。

いま、北海道の人口が約五百四十七万（二〇一二年末・住民基本台帳）ですが、そのうち百九十三万（二〇一三年二月）が札幌に集中しています。函館や小樽の後塵《こうじん》を拝していた札幌も、しだいに北海道の中心地になっていったわけです。

その札幌の名が付いた『恋の町札幌』という歌があります。小樽育ちの石原裕次郎さんが歌っています。

恋の町札幌　（作詞・作曲＝浜口庫之助《くらのすけ》）

時計台の　下で逢《あ》って
私の恋は　はじまりました

だまってあなたに　ついてくだけで
私はとても　幸せだった
夢のような　恋のはじめ
忘れはしない　恋の町札幌

はじめて恋を　知った私
やさしい空を　見上げて泣いたの
女になる日　だれかの愛が
見知らぬ夜の　扉を開く
私だけの　心の町
アカシヤも散った　恋の町札幌

小樽には、石原兄弟が暮らしていた建物や、お父さんが勤めていた、運河に面したビルが残っています。石原兄弟のどこかにモダニズムの匂いがするのは、小樽という街の移り香かもしれません。小樽はレンガの倉庫が有名ですけれど、あの中には、北陸の石川県の貿易商が建てたものがけっこうあるんです。取材で一軒一軒回ったときに知りました。

かつて殷賑《いんしん》を極め、活力のある町だった往時を思い浮かべると、現在の姿とはまた違ったイメージが浮かんできます。また、観光だけでなく、文化的にも伝統のある土地です。北海道松前郡炭焼沢村（現松前町）出身で、小樽育ちの作家・伊藤整を記念した伊藤整文学賞という、地方文学の中では一頭地を抜いたユニークな賞があり、小樽らしいなと思います。

北海道に似合う伸びやかな歌声

作家の子母澤寛《しもざわかん》が石狩市、『蟹工船』の小林多喜二は小樽市育ちで、伊藤整の上級生でした。作詞家の川内康範さんが函館市出身。『おふくろさん』が有名ですね。作曲家では『啼《な》くな小鳩《こばと》よ』『ここに幸《さち》あり』の飯田三郎さんが根室市、万城目《まんじょうめ》正さんが幕別町出身と、多士済々の作家や芸術家が出ています。

歌い手さんも多く、北島三郎さんが知内町、中島みゆきさんが札幌市、細川たかしさんは真狩《まっかり》村で、村に銅像が立っていました。ドリームズ・カム・トゥルーの吉田美和さんは池田町、『シルエット・ロマンス』の大橋純子さんは夕張市です。

いかにも北海道という伸びやかな歌声ですよね。朗々と歌うこの女性二人は、広大な北海道に似つかわしい。

北海道は、もともと日本全国からいろんな人たちが集まってきた、新天地でした。しかし、明治以降これだけの時間がたって、世代が積み重なってくると、そこから新しい北海道人気質も生まれてくる。北海道人としての精神的な基盤や風俗、流行が生まれて、いまではほんとうに〝北海道〟というブランドが確立されているように思います。

私が立原《たちはら》岬のペンネームで作詞した『旅の終りに』という曲には、北海道の地名が出てきます。冠二郎さんが歌って下さっています。

旅の終りに　　　（作詞＝立原岬　作曲＝菊池俊輔《しゅんすけ》）

流れ流れて　さすらう旅は
きょうは函館　あしたは釧路《くしろ》
希望も恋も　忘れた俺の
肩につめたい　夜の雨
（略）
旅の終りに　みつけた夢は
北の港の　ちいさな酒場
暗い灯影《ほかげ》に　肩寄せあって

歌う故郷の　子守唄

ドリカムや大橋純子さんの歌とは、ぜんぜん違う演歌ですけれども、これもまた北海道の一面です。私は札幌オリンピック（一九七二年）の前にプレオリンピックがあったときから札幌に通っていて、北海道もふるさとみたいに感じているんです。じつはひょんなことから、北海道に土地を持っていましてね。いよいよ年を取って、自分一人の仕事しかできなくなったときには、そこに行って、小屋でも建てようかなと考えたりしています。終《つい》の棲家《すみか》にいいかもしれません。

信州、甲州、越後を訪ねて

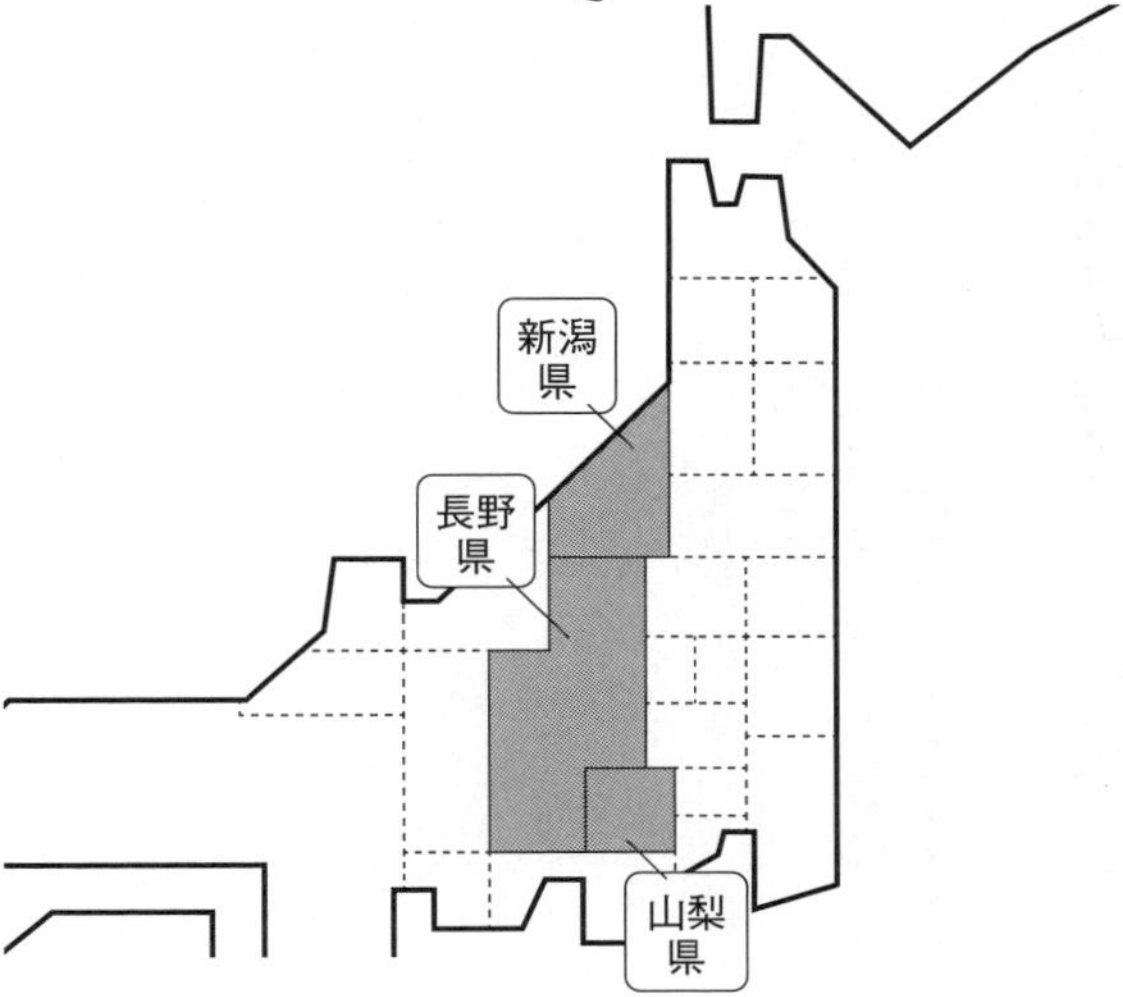

長野

学生運動の只中で歌われた『かあさんの歌』

「長野」「信州」と聞くだけで、若いころの夢や希望が甦ってくるようで、なんだか胸がときめきます。私は、九州の出身ですから、信州は遠くてなじみが薄いのではと思われたりしますが、逆に憧れがあります。日本アルプスの白い嶺《みね》を見はるかす信州の町のような所で学生時代を過ごせたらいいなと、夢みていたくらいです。

『かあさんの歌』という歌があります。この曲は、作詞・作曲の窪田聡《くぼたさとし》さんが長野に疎開していたときの経験をイメージして作られたそうです。囲炉裏端《いろりばた》でみんなが寄り添うような、雪深い信州の冬を感じさせます。

私が学生だった一九五〇年代は、〝全学連（全日本学生自治会総連合）〟が活発に活動していた時代で、「うたごえ」と言われる文化運動がありました。大学の構内にはアコーディオンを弾く人が必ずどこかにいて、学生たちがその人を囲んで歌うという光景が日常のものとしてありました。

ですからそのころは、どちらかというと調子の激しいいわゆる〝闘争歌〟が多かったのです。その中にこの『かあさんの歌』のような、しみじみとした日本らしい歌がぽつんぽつんと出てくる。すると、みんなのささくれ立った気持ちが癒される気がしたものです。

かあさんの歌　　（作詞・作曲＝窪田聡）

かあさんが　夜なべをして
手袋あんでくれた
木枯《こがら》し吹いちゃ　冷たかろうて
せっせとあんだだよ
ふるさとの便りはとどく
いろりのにおいがした

かあさんが　麻糸つむぐ

一日つむぐ
おとうは土間で　わら打ち仕事
お前もがんばれよ
ふるさとの冬はさみしい
せめてラジオ聞かせたい

いまでも、倍賞千恵子さんが歌う『かあさんの歌』を聴くと、半世紀以上も前の学生たちの青春が、まざまざと甦ってきます。こういう歌を歌いながら、「この国には未来があるんだ」「明日があるんだ」と素直に信じていた時代、それはそれで幸せだったかもしれません。

風土の厳しさがつちかった信州人気質

長野は、文化県とか教育県などとも言われています。たとえば諏訪《すわ》は、岩波書店の創立者・岩波茂雄や、作家・平林たい子などの出身地で、背中にピーンと筋が通っている人が多い。

以前、講演を頼まれて諏訪に行くことになったとき、作家の吉行淳之介《じゅんのすけ》さんから「諏訪で話をするときには、ちゃんと予習、復習して行ったほうがいいよ」と言われました。講演後の質疑応答で、普通は遠慮がちに数人の方の手が挙がるくらいなのですが、諏訪では林のように手が挙がり、鋭い質問が次から次に浴びせられ、おたおたした経験があるというのです。

実際に私が行って講演を始めると、聴衆の皆さんが一斉に大学ノートを広げてメモを取り始められた。吉行さん同様にずいぶん気を遣いました。知識欲が高く、向上心旺盛の方が沢山いるのですね。風土の厳しい所ほど勉強に熱心で、子どもの教育にも意を注ぐと聞いたことがありますが、信州もその一例かもしれません。

教育県といっても、単に学校の成績を上げるだけのものではありません。童謡が日本の子どもたちの情操を育てていくうえで大きな役割を果たした時代がありますが、その面で大きく貢献した作曲家や作詞家が長野から多く輩出しています。

作曲家では、中山晋平《しんぺい》さん、久石譲《ひさいしじょう》さんが長野出身です。明治生まれの中山さんから現代の久石さんまで、共通しているのはクラシックの素養があり、折り目正しいオーソドックスな印象があることです。それは、長野の県民性にも通じているように思えます。

童謡の作曲で有名な海沼實《かいぬまみのる》さんも長野出身です。私は若いころレコード会社の学芸セクションに所属して、童謡や子どもの歌、郷土の歌などを作っていましたが、海沼さんは名曲を次々に作曲されていて、この分野の大スターでした。

海沼さん作曲の『みかんの花咲く丘』を、音羽《おとわ》ゆりかご会の人たちが歌っているのを聴いたことがあります。日本の里山風景が目の前に浮かんできて、童心に戻れるような気がしたものです。

みかんの花咲く丘　（作詞＝加藤省吾　作曲＝海沼實）

みかんの花が　咲いている
思い出の道　丘の道
はるかに見える　青い海
お船がとおく　霞《かす》んでる

藤村の詩心を育んだ山里

文学では、島崎藤村が長野県の木曽の馬籠《まごめ》（二〇〇五年に越県合併して、現・岐阜県中津川市）出身です。彼の小説『夜明け前』に、「木曽路はすべて山の中である」という有名な書き出しがあります。この書き出しのとおり、長野県は山に囲まれています。

しかも地域によって雰囲気がかなり違い、江戸時代の情緒を色濃く残す所もあれば、リゾート地として発展した軽井沢のようなモダンな地区もあります。

藤村は小説家に転身する前に『若菜集《わかな》』などロマンチックな詩集も出していて、その詩は人口に膾炙《かいしゃ》する、まさに国民詩人としての地位を獲得していました。私たちの若いころは、有名な詩人の詩を暗誦《あんしょう》することが流行していて、藤村は絶大な人気がありました。

その藤村も、歌の歌詞はそれほど書いていないと思います。数少ない作品の一つである『椰子《やし》の実』は、不滅の名曲になりました。NHKの「ラジオ歌謡」の前身、「国民歌謡」という番組でも放送されていた歌です。

椰子の実　（作詞＝島崎藤村　作曲＝大中寅二《おおなかとらじ》）

名も知らぬ遠き島より
流れ寄る椰子の実一つ
故郷《ふるさと》の岸を離れて　汝《なれ》はそも波に幾月
旧《もと》の樹は生《お》いや茂れる

枝はなお影をやなせる
われも亦渚《またなぎさ》を枕　孤身《ひとりみ》の浮寝《うきね》の旅ぞ

最近の朝の連続テレビ小説「おひさま」（二〇一一年四〜十月放送）も信州・安曇野《あずみの》を舞台にしていましたが、戦後、NHKラジオで放送されて大変な人気を集めたドラマ「鐘の鳴る丘」（一九四七年七月〜五〇年十二月放送・菊田一夫作）も、長野が舞台でした。

空襲で親を失い戦争孤児になった子どもたちのために、復員してきた若者が信州の山里に安住の地をつくろうと奮闘する中、子どもたちもそれぞれの生き方を見つけていくというドラマでした。放送されたのは、私が中学生のころだったと思いますが、大人、子どもの別なく圧倒的な人気を博して、その主題歌も津々浦々に流れていました。

主題歌『とんがり帽子』は川田正子さんが歌っていましたが、多くの人々に愛唱されていました。私も中学を卒業するときの予餞会《よせんかい》（送別会）で、この歌の「緑の丘の赤い屋根……」のメロディーをハーモニカで吹いたりしました。

とんがり帽子　（作詞＝菊田一夫　作曲＝古関裕而《こせきゆうじ》）

緑の丘の　赤い屋根
とんがり帽子の　時計台
鐘が鳴ります　キンコンカン
めえめえ仔山羊《こやぎ》も　鳴いてます
風がそよそよ　丘の家
黄色いお窓は　おいらの家よ

文学の風情漂う小諸から西欧モダンの軽井沢まで

長野は夏の避暑地として人気がありますが、冬は寒さが厳しい。山紫水明《さんしすいめい》、温泉もたくさんあります。私たちが学生のころは、軽井沢のモダンな風俗よりも、井伏鱒二《いぶせますじ》さんをはじめ多くの作家が別荘を構えて住んでいた小諸《こもろ》や、沓掛《くつかけ》、上田あたりのほうが人気がありました。国文系の学生は、卒論を書くとき、小諸などの旅館に泊まって書くのがちょっとした流行でした。

観光都市・長野市にある善光寺は創建千四百年の名刹《めいさつ》です。その成り立ちは非常にユニークです。お寺というのは、朝廷や大貴族がスポンサーになって成り立っている場合が多いのですが、善光寺は宗派にこだわらず、名もなき庶民の善男善女の支持によって栄え、全国からいまなお多くの参拝者を集めています。

こういうお寺があるのも、長野の特徴でしょう。強いものに寄りかからず、自立するという気風を感じます。

ところで、長野には長野を中心とした北信（北部地方）、松本を中心とした南信（南部地方）という分け方があって、文化も北と南で微妙に異なるようです。いまは県という仕切りになっていますが、地区ごとに異なる風習や伝統があったわけですから、そのほうが自然だと思います。

たとえば、松本では、夏になると「サイトウ・キネン・フェスティバル松本」（現在は、セイジ・オザワ松本フェスティバルの名称）という全国有数の音楽祭で賑わいます。世界的な指揮者の小澤征爾《せいじ》さんが力を入れたから根付いたことは確かですが、そうした文化的な催しを受け入れる土壌もあってのことなんです。

長野は山々に囲まれ、かつては交通の便に恵まれませんでした。また、土地も決して肥沃《ひよく》ではありませんでした。そういう自然環境のなかで、それぞれの地域が独自の文化を作り上げてきました。

たとえば長野の名物というと、だれもがお蕎麦《そば》を思い浮かべます。けれども小布施《おぶせ》という町では、「小布施栗」と呼ばれるおいしい栗が名産で、江戸時代には将軍家に献上されたほどです。昔から「特産の栗で町づくりをするんだ」という心意気があり、多くの栗菓子を生み出しました。

千曲川の舟運の発達で、交通と経済の要所として栄えた小布施は、文化人が交流した土地でもあります。幕末には豪商の高井鴻山《たかいこうざん》が、八十歳を超えた葛飾北斎《かつしかほくさい》を招いて厚遇したため、北斎はしばらく住んだそうです。それで晩年の作品がずいぶん残っていて、近年、北斎館という美術館が造られました。

小布施は北斎ばかりでなく、多くの文人墨客《ぶんじんぼっかく》をもてなした文化の香り豊かな土地ですが、長野は、北も南も「自分の町のおすすめはこれ」という独自のものを作るのが上手な土地柄でもあります。

若者たちの夢をのせる「あずさ号」

「やせ蛙《がえる》まけるな一茶是《これ》にあり」という句で有名な江戸時代の俳人、小林一茶（一七六三〜一八二八）も信州の出です。一茶は、風流で粋な江戸に出て行くのですが、どうしても溶け込むことができずに、最後は郷里に帰っていきました。

現代でも、長野から東京へ出て行く人は多いと思いますが、東京の風俗や気質に染まろうとしない信州の人間の、気骨のようなものが生き続けているように見受けられます。

いまは新幹線ができて便利になりましたが、ひと昔前までは、新宿駅と松本駅を結ぶ中央本線で信州へ行くルートが人気がありました。中央本線の特急列車「あずさ」は、松本市の近くを流れる梓川《あずさがわ》にちなんでつけられた名前だそうです。

あずさ2号　（作詞＝竜真知子　作曲＝都倉俊一）

明日　私は旅に出ます
あなたの知らないひとと二人で
いつか　あなたと行くはずだった
春まだ浅い　信濃路へ

行く先々で　想い出すのは
あなたのことだとわかっています
そのさびしさが　きっと私を
変えてくれると思いたいのです

さよならは　いつまでたっても
とても言えそうにありません

私にとって　あなたは今も
まぶしいひとつの青春なんです
8時ちょうどの　あずさ2号で
私は　私は　あなたから旅立ちます

一九七七（昭和五十二）年のヒット曲で、狩人《かりゆうど》が歌った『あずさ2号』です。若い男女が信州へ旅をする。そこは、かつて愛した別の人と行くはずだった。惜別と未来への予感。信州は、そんな若者のステージの一つだったんですね。

封建の世との葛藤《かっとう》を描いた藤村の時代から、信州長野は、若さや青春、未来への夢や希望とつながっている気がしてならないのです。

山梨

富士山を擁する文芸の国

山梨県といえば、雪が残っている時期に、身延山《みのぶさん》に行ったときのことをまず思い出しますが、とにかく寒かった。日蓮宗総本山の久遠寺《くおんじ》があって、日蓮の草庵《そうあん》を訪ねたのです。

粛然《しゅくぜん》とした雰囲気ですばらしかったのですが、たどり着くまでが一苦労でした。本殿に至る石段が、二百八十七段の心臓破りで、休み休み上がりましたが、それでも大変でした。ですから身延山というと、厳しい雰囲気だけが思い出される。

日蓮は、よくこんな環境で頑張ったな、やはり自分に厳しい、峻烈《しゅんれつ》な人だったんだろうと思ったのですが、地元や久遠寺で話を聞くと、実際は非常に温かい人柄だったようです。いまだに多くの人が、日蓮上人と慕うわけは、論理や主張だけじゃない、人間味といったものかもしれない、と考えるようになりました。

山梨県は、南が富士山、西に南アルプス、北に八ヶ岳、東に奥秩父《おくちちぶ》と、二千メートル級の山々に囲まれた、まさに山国で、面積の八割が山地です。二〇一三年に富士山が世界文化遺産になったことで、観光県としてもあらためて注目を集めています。

以前、甲府市の、山梨県立文学館を見学する機会がありましたが、ここはすごく立派で内容も充実しています。太宰治や樋口一葉など、山梨ゆかりの文学者のコーナーがあって、ずいぶん勉強になりました。一葉を読んでいると、代々江戸下町の家系だからこんな作品を書けたのかと思ってしまいますが、じつは山梨ゆかりの人なんですね。

樋口一葉は、東京生まれですが、本家は、いまの甲州市塩山《えんざん》の農家でした。祖父は俳諧、狂歌、漢詩に親しんだ教養人だったそうです。父親も農業より学問を好み、その上、一葉の母となった女性との結婚に反対されて、駆け落ち同然で、東京に出てきたそうです。

「富士には、月見草がよく似合う」と書いたのは、太宰治です。天下茶屋という旅館の二階に逗留《とうりゅう》していた太宰は、そこで起こったいろいろなできごとを小説『富嶽《ふがく》百景』に仕立てています。山梨出身の文学者といえば、俳人の飯田蛇笏《だこつ》が現在の笛吹市、作家では山本周五郎が現在の大月市、檀一雄が都留《つる》市の出身です。

檀さんは、なんとなく九州に縁のある人と錯覚していたのですが、生前おつきあいがあって、新鮮なお魚を贈ってくださったりしました。晩年はポルトガルで過ごされたり、一風変わった、大陸浪人のような風格のある方でした。

『楢山節考《ならやまぶしこう》』や『笛吹川《ふえふき》』の作家・深沢七郎さんが、現在の笛吹市の出身です。深沢さんにはずいぶんかわいがっていただいて、対談なんかしたあとも、仕事以外の話を延々としたものです。深沢さんはもともと劇場付きのギタリストで、すばらしい演奏がレコードになっています。

こうして山本周五郎、檀一雄、深沢七郎の名前が並ぶと、一葉の縁もさることながら、山梨は「文芸国」の感が深いですね。現代の作家では、なんといっても山梨市出身の林真理子さん。女心を巧みに描いた小説や、女性の本音を綴《つづ》ったエッセイで、多くのファンがいます。山梨を舞台にした作品では、『葡萄《ぶどう》物語』や『葡萄が目にしみる』など。林さんは、じつは、ふるさと意識、愛郷心が強い人です。モモの花の季節には、故郷に懇意の編集者たちを招いたり、文化人を集めて地元で講演会を催したりして、まるで山梨県の観光大使ですね。フランスから勲章をもらっているけれど、山梨県からも勲章をもらわなくてはね。

都留市の出身の俳優・根津甚八《ねづじんぱち》さんが、「ピエロ」という歌を歌っています。根津さんは、唐《から》十郎さんの劇団「状況劇場」の看板俳優でした。私は長年金沢の「泉鏡花文学賞」の選考委員を務めていますが、一九七八年の受賞者が唐さんで、授賞式に根津さんが同行されました。そうしたら、金沢駅前がすごい人だかりになったんですけれど、唐さんではなく、根津さん目当てだったんですね。

ピエロ　（作詞・作曲＝中島みゆき）

思い出の部屋に　住んでちゃいけない
古くなるほど　酒は甘くなる
えらそうに俺が　言うことでもないけど
出てこいよ　さあ　飲みにゆこうぜ

かまれた傷には　麻酔が必要
俺でも少しは　抱いてやれるぜ

根津さんの歌は、いいですね。古臭くないし、リズム感もあるし、声も人生を感じさせるような、深いところがあります。

苦境にある人々を支援する「無尽」

山梨は甲斐《かい》の国、そして名だたる武将が武田信玄です。戦国時代、信玄は信玄堤を作ったり、金山を開発するなど、領国のために力を尽くしたので、いまでも名将として人気が高いです。戦国時代の武将は、戦争に強いこともちろん大事ですが、国を繁栄させることが、名将の大切な条件の一つだったんです。経済力がないと、軍事力も育たないですしね。

山がちの県ですから、田畑が少ない。そのぶん、山梨の人は、他県の人間より多く働かなければ、暮らしが厳しい。それでも足りずに、他国へ行商に出たりする。甲州商人というのは、勤勉で、粘り強くて、近江《おうみ》商人と並んで昔から有名でした。

甲斐には「めちゃかもん」という言葉があります。負けず嫌いでしぶとく、頑張り屋で、お金にしっかりしている、という意味です。それがまさに、甲州商人の気質なんですけれど、お金に細かいだけではなく、助け合いの精神も強いんです。「無尽《むじん》」というものが、いまでも山梨で生きているようです。無尽は苦しい境遇にある人たちが、相互扶助のために始めたものです。村や親戚に、すごく勉強ができる子がいる。けれども家が貧しいために大学に行けない。そんなとき、無尽の中からその子に学資を提供する。厳しい風土の中だからこそ生まれた、助け合いの精神であり、知恵だったのですね。それが相互銀行に発展していったわけです。愛郷心も強くなるわけです。

山梨からは財界人も多く出ています。東武鉄道の再建を手がけるなど、「鉄道王」と呼ばれた根津嘉一郎《かいちろう》さんが山梨市、旺文社を創業した赤尾好夫さんが現在の笛吹市、キティちゃんのサンリオ創業者・辻信太郎さんも山梨市、阪急グループ創業者の小林一三《いちぞう》さんが現在の韮崎《にらさき》市の出身です。

小林一三は宝塚歌劇団を創った人です。阪急沿線に、東京でいえば田園調布みたいな高級住宅地を造成し、温泉地や宝塚のようなテーマパークを造って集客しました。これは現代までつづいている、すごいアイデアです。やっぱり風土の厳しい土地の人の根っこには、知恵と頑張りの精神があるんですね。

山梨県ゆかりの歌手・田原俊彦さんの『ごめんよ涙』をご紹介しましょう。田原さんは、神奈川県生まれながら、生後まもなくお母さんの故郷の甲府市に移り、そこで育ちました。

ごめんよ涙　（作詞＝松井五郎　作曲＝都志見《つしみ》隆）

最後に一度だけと　唇かみしめて

握りしめた手のひら　燃えるように熱い
ひとつの季節だけには　とまっていられない
風をみつけた男は　夢を追いかけてく
愛しあい傷ついてやさしさに気がついたよ
つらいとき　きみのまなざしを僕は信じてる
その涙ごめんよ　想い出になるけど
いつまでもいつまでも　忘れはしない
さよならもごめんよ　抱きしめていたいけど
ふりむかず　いかせてくれ
胸の夕陽が赤いから

一九八九年のヒット曲で、懐かしいですね。やはり音楽は時代を映します。歴史上の出来事は、年表を見ればわかりますが、その時代の空気や雰囲気、人々の表情は、歌でこそ伝わるものが多いですね。

桃源郷から生まれた特産品

山梨と言えば有名なブドウだけでなく、モモとスモモの収穫量も日本一だそうです。モモの花は美しい。中央自動車道が広大なモモ畑を突っ切っているので、花の季節に通ると、まさに〝桃源郷〟です。山梨県は、雨が少なく、果物栽培に向いているのだそうです。

果実酒の消費量、ミネラルウォーターの出荷額がそれぞれ日本一です。山に囲まれた国ですから、いい水が出るのでしょう。水がいいから精密機械産業も盛んなのでしょう。貴金属の出荷額も日本一です。水晶は山梨の名産品です。私も買ったことがあるくらいです。甲府の北の金峰山《きんぶさん》に水晶の鉱脈があったため、研磨加工が盛んになり、その結果として宝石加工も全国一になったそうです。

音楽のお話に戻りますと、ピアニストの中村紘子《ひろこ》さんが、現在の甲州市の出身です。詩人で作詞家の覚《かく》和歌子さん。宮崎駿《はやお》監督のアニメ映画『千《せん》と千尋《ちひろ》の神隠し』の主題歌が、覚さん作詞の『いつも何度でも』でした。

いつも何度でも　（作詞＝覚和歌子　作曲＝木村弓）

呼んでいる　胸のどこか奥で
いつも心躍る　夢を見たい

かなしみは　数えきれないけれど
その向こうできっと　あなたに会える

繰り返すあやまちの　そのたび　ひとは
ただ青い空の　青さを知る
果てしなく　道は続いて見えるけれど
この両手は　光を抱《いだ》ける

宮崎さんのアニメ映画は、いつも音楽と一体で、人気がありますね。

ご年配の方には懐かしいパントマイムのヨネヤマママコさんが身延町の、連続テレビ小説「花子とアン」でみなさん記憶に新しい、翻訳家の村岡花子さんも甲府市の出身です。山梨県も、あらためて人材豊富な県だと思います。

大映の映画監督で、『卍《まんじ》』『刺青《いれずみ》』などを撮った、増村保造《やすぞう》さんも甲府市出身です。また、「耐震構造の父」と言われ、東京タワーなど多数の鉄塔を設計した、内藤多仲《たちゅう》さんが現在の南アルプス市出身です。

「人は石垣　人は城」、人材こそ資源

「ニューアカデミズムの旗手」と言われた哲学者の中沢新一さんが山梨市の出身。最近対談で、しばしばご一緒しています。お父さんが民俗学の中沢厚さんで、『親鸞《しんらん》』を書くときに、お父さんのご本にはお世話になりました。また、義理の叔父さんにあたるのが、日本史家の網野善彦さんで、中世の非定住型の人々の研究で、とてもユニークな歴史観を打ち出されました。中沢グループは山梨閥《ばつ》だったんですね。

新一さんは『チベットのモーツァルト』という本が、話題になりましたが、お父さんに連れられて、子どものころ、県内の遺跡などをあちこち訪ね歩いたそうです。また、チベット仏教の修行のため、ネパールに行かれましたが、そのことも山梨出身ということと、なにかつながりがあるような気がします。また、近所に、林真理子さんのご実家の本屋さんがあって、よく本を買いに行ったとうかがいました。

山梨県でご紹介する最後の曲は、『武田節』です。さきほども話に出ましたが、山梨県郷土の偉人といえば、武田信玄。最後に詩吟が入る、三橋美智也さんの歌が出色です。

武田節　（作詞＝米山愛紫《あいし》　作曲＝明本京静《あけもときようせい》）

甲斐の山々　陽に映えて
われ出陣に　憂《うれ》いなし
おのおの馬は　飼いたるや
妻子《つまこ》につつが　あらざるや　あらざるや

祖霊まします　この山河
敵にふませて　なるものか
人は石垣　人は城
情けは味方　仇《あだ》は敵　仇は敵

疾《と》きこと風の如《ごと》く　徐《しず》かなること林の如し
侵掠《しんりやく》すること火の如く　動かざること山の如し

この歌の旅も、ずいぶん長くつづけていますが、詩吟が出たのは初めてですね。詩吟は、いまは流行りませんが、明治時代以降、そうとう広く親しまれた歌謡の形式なんです。

こうやって山梨県のことを、いろいろ見てくると、風土、名所、産業など、各県に資源はそれぞれあるけれど、ほんとうの資源というのは、やはり人材ということになるんでしょうね。

『武田節』が「人は石垣　人は城」と歌っているように、山梨はほんとうに、人を作り、育てる県なのだと、あらためて実感しました。

新潟

中世では湿地帯だった米所

新潟は、昔「越国《こしのくに》」とか「越後」とかと呼ばれた地方ですが、その言葉の響きに、ある種の懐かしさが感じられます。

新潟県には友達が多く、二十歳のころからご縁があります。長岡に松岡君という大学の同級生がいました。夏目漱石の娘さんでもある彼のお母さまが、長岡出身の作家・松岡譲《ゆずる》さんと結婚して、そこに住んでいたのです。その松岡家へお邪魔して、夏休みや冬休みを過ごしたことがありました。そんなことがあって、新潟が懐かしく感じられるのです。

作家の松岡譲さんという方は『法城を護《まも》る人々』などのいい作品を書かれていて、漱石の弟子、久米正雄の小説『破船』のモデルとして描かれたという説もあります。

新潟県出身の作家は、坂口安吾《あんご》、山岡荘八、吉屋信子など、数え切れないくらいです。坂口安吾（一九〇六〜五五）は、戦後、若い人たちに大きな影響を与えた作家の一人です。『堕落論』などを発表して無頼派と言われました。歴史小説も書けば、現代小説も書く、非常に多才な、文学界の巨人だと思います。私は、安吾が日本各地を取材して歴史考証をした『安吾の新日本地理』という作品が好きで、よく読みました。

新潟は、法然《ほうねん》の弟子で、浄土真宗の開祖・親鸞《しんらん》（一一七三〜一二六二）ゆかりの地でもあります。

親鸞は一二〇七（承元《じょうげん》元）年、鎌倉幕府により念仏停止《ちょうじ》の処分を受け、越後国国府（現・上越市）へ遠流《おんる》されるという法難にあいました。同じ年、師の法然も四国へ遠流されています。しかし都から初めて離れ、北国越後で、ある期間を過ごしたことは、親鸞にとっては信仰のうえでとても大きな糧《かて》になったと思います。

親鸞が流された十二、三世紀ごろの越後の風土を調べてみると、これが非常におもしろい。私は一時期、郷土史の本をあさり、すっかり越後漬けになっていたことがあります。越後といえば米どころで、見渡す限り田んぼが広がり、稲穂が揺らいでいるイメージがありますが、当時の地形は、いまとはまるで違ったようです。海岸線が現在よりずっと海側にあり、小さな沼や湖が点在する一面の湿地帯だったのです。川の流れも違いますし、村と言えるほどの大きな集落もありませんでした。そこから開拓が進み、今日の立派な良田《りょうでん》が生まれていったわけです。

詩情をかきたてる越後の海

荒海や佐渡によこたふ天河《あまのがは》

芭蕉が新潟の海を詠んだ有名な俳句ですが、新潟を舞台にした曲もたくさんあります。私の父は浪曲が好きで、寿々木米若《すずきよねわか》とか天中軒雲月《うんげつ》とか、古いレコードを集めていたのですけれど、その中に米若の『佐渡情話』という有名な浪曲がありました。子どものころ、「佐渡へ佐渡へと草木もなびく　佐渡は居よいか住みよいか」という歌詞や、途中に出てくる台詞《せりふ》を丸暗記していました。

北原白秋が作詞した『砂山』も、越後の海をイメージして作られたそうです。

砂山　　（作詞＝北原白秋　作曲＝山田耕筰《こうさく》）

海は荒海
向《むこ》うは佐渡よ

すずめ啼《な》け啼け　もう日はくれた
みんな呼べ呼べ　お星さま出たぞ

暮れりゃ　砂山
汐鳴《しおな》りばかり
すずめちりぢり　また風荒れる
みんなちりぢり　もう誰も見えぬ

戦前から戦中にかけて、こういう一種の望郷歌のような抒情歌が流行《はや》った時代があります。白秋や中山晋平さんらが書いた歌は、当時、いまのアイドルグループのＡＫＢ48《エーケービー》のように、全国を席巻《せっけん》していたのです。

白秋は、私と同じ福岡の筑後柳川《やながわ》の出身なんですけれど、白秋が九州から越後へ来て日本海の風景を見たとき、荒海や砂山を、すごく新鮮に感じたのではないかと思います。なぜかといえば、私自身がそうだったんです。

昔、東京から汽車に乗って上信越回りで金沢へ行ったとき、直江津《なおえつ》、糸魚川《いといがわ》、親不知《おやしらず》から倶利伽羅《くりから》と通ったのですが、上越から越中にかけての日本海の夕日は、日本一ではないかと思うくらいすばらしく、感動したのを覚えています。

じつは、新潟ゆかりの抒情歌といえば、私にとってどうしても忘れることのできない歌があるのです。

大正時代の終わりから昭和の初めにかけて、「新民謡」という新しい民謡を歌う運動がありました。その中に新潟の新発田《しばた》出身の蕗谷虹児《ふきやこうじ》さんが詩を書いた、『花嫁人形』という曲があります。私の母親が大好きで、よくオルガンを弾きながら歌っていました。だから、いまでもこの歌を聴くと胸が詰まるんです。

ものを書くようになって、いつだかそのことをエッセイに書いたのですが、そうしたら蕗谷さんご本人からお手紙をいただいたことがありました。蕗谷さんは独特の抒情的な絵で一世を風靡《ふうび》した画家でもあり、新発田市には、その名をつけた記念館もあります。

花嫁人形　（作詞＝蕗谷虹児　作曲＝杉山長谷夫《はせお》）

金襴緞子《きんらんどんす》の　帯しめながら
花嫁御寮《ごりよう》は　なぜ泣くのだろ
文金島田《ぶんきんしまだ》に　髪結いながら
花嫁御寮は　なぜ泣くのだろ

佐渡金山や北前船で賑わった新潟

豪雪地帯の新潟には、〝耐える〟というイメージもありますが、ある種の華やかさもあるんです。歴史を辿ってみても、日本の古代政権が東北に向けて力を伸ばしていく過程で、新潟は兵站《へいたん》基地にもなりましたし、その後も海運を通じてさまざまな文化が西や北からやって来ました。金山があった佐渡の賑《にぎ》わいも大変なものだったようですし、古代や中世のころの越後は、私たちが想像するよりもっと活気のある場所だったような気がします。北前船が頻繁に往来して、人や物の流れも盛んだったようです。

新潟県は、おもしろいことに電力は東北電力から供給を受けています。また、天気予報などは、新潟地方気象台が北陸地方も担当するそうです。新潟は日本海に沿って長い県ですから、中部地方だけでなく、隣接する地域とそれぞれ密な関係にあるんですね。

豊かな土地で、おいしいお米においしいお酒。なんでも、一人当たりの日本酒の消費量が日本一（二〇〇八年度・国税庁調べ）だそうです。生産量は三位だそうですが。

ナイフやフォークなど燕《つばめ》市の洋食器の生産、小千谷縮《おぢやちぢみ》で知られる小千谷市の織維産業もあります。縮は昔から越後の重要な産物です。朝廷に納める貢ぎ物も、ふつうならお米を贈るところを、越後からは鮭《さけ》などの海産物のほかに、小千谷縮をはじめとした織布を京都へ贈っていたくらいです。

例の長岡出身の松岡君を中心に、大学の友人たちで集まると必ず歌う歌があって、そこにも織物のことが出てきます。「越後名物数々あれど　明石縮に雪の肌　着たら放せぬ味のよさ」（『十日町小唄』）という歌で、「テモサッテモソジャナイカ　テモソジャナイカ」という囃子《はやし》がつくんです。彼の歌に合わせてみんなで拍子を取って、この囃子を歌ったことを懐かしく思い出します。

ロシア船が航行する出会いと別れの土地

新潟のある橋の近くに、北原白秋の『新潟小唄』の歌碑があります。それを見るとおもしろい。歌の終わりの囃子言葉が「ハラショハラショのロンロン」なんですね。「ハラショ」というのは、白秋が意識して使ったかどうかわかりませんけれども、「すてきな」とか「良い」という意味のロシア語からきたのではないかと思います。

新潟に行くと、ハバロフスクとの距離、ロシアという国の意外な近さを実感できます。国際航路の船舶が出入りし、ロシアの沿海州などへの玄関口みたいな所なんですね。

新潟は昔から柳の木が非常に多かったこともあってか、「柳都《りゅうと》」と呼ばれることがあります。柳の木は、じつは別れのシンボルなんです。昔の中国の都・長安で、地方へ旅立つ友と別れるときに、そこに植わっていた柳の木を折って贈ったという故事から、柳の木は別れの木とされるようになりました。人が出会い、別れる。そうやって多くの人が出入りする土地だからこそ、詩が生まれるのかもしれません。

私も、新潟を旅する情景を歌にしました。『冬の旅』という作品です。倍賞千恵子さんが歌って下さり、「深夜便のうた」として二〇〇七年（一～三月）に放送されました。

冬の旅　（作詞＝五木寛之　作曲＝小六禮次郎《ころくれいじろう》）

越後はつついし　親不知
はるかな波間に　日が沈む
ひゅるる　ひゅるる
寒い風が　吹くだけ

あなたと旅した思い出を
たずねて　ここまできたけれど
ひゅるる　ひゅるる
夜の海が　鳴るだけ

こんなに愛しても　心がとどかない
これから私は　どうすればいいのでしょうか

東へむかえば　糸魚川
直江津あたりで　雪になる
ゆらり　ゆらり
遠い灯《あか》り　揺れてる

むかしの瞽女《ごぜ》なら　迷わずに
信じて　歩いていくでしょう
ゆらり　ゆらり
わたし　明日《あす》が見えない

こんなに愛しても　心がとどかない
これから私は　どうすればいいのでしょうか

いまは新潟まで、東京から上越新幹線ですぐですが、昔の夜汽車の旅も忘れがたい魅力がありました。「ゴットンゴットン」という、永遠につづくようなレールの音が何とも言えません。いつまでも、なくしてほしくないものの一つですね。繰り言かもしれないですけれど、便利になると寂しいこともあります。

また新潟へ行くことがあると思いますけれども、町も村も、風景はどんどん変わっていくはずです。新潟にかぎらず、日本全国、それはしかたのないことなので、過去と現在を踏まえ、将来はどうなるだろうという立体的な視野でその土地を見ていくことが大事だと思います。当然、新しい魅力やイメージといった、〝明日の新潟〟が出てくるわけですからね。

北陸を訪ねて

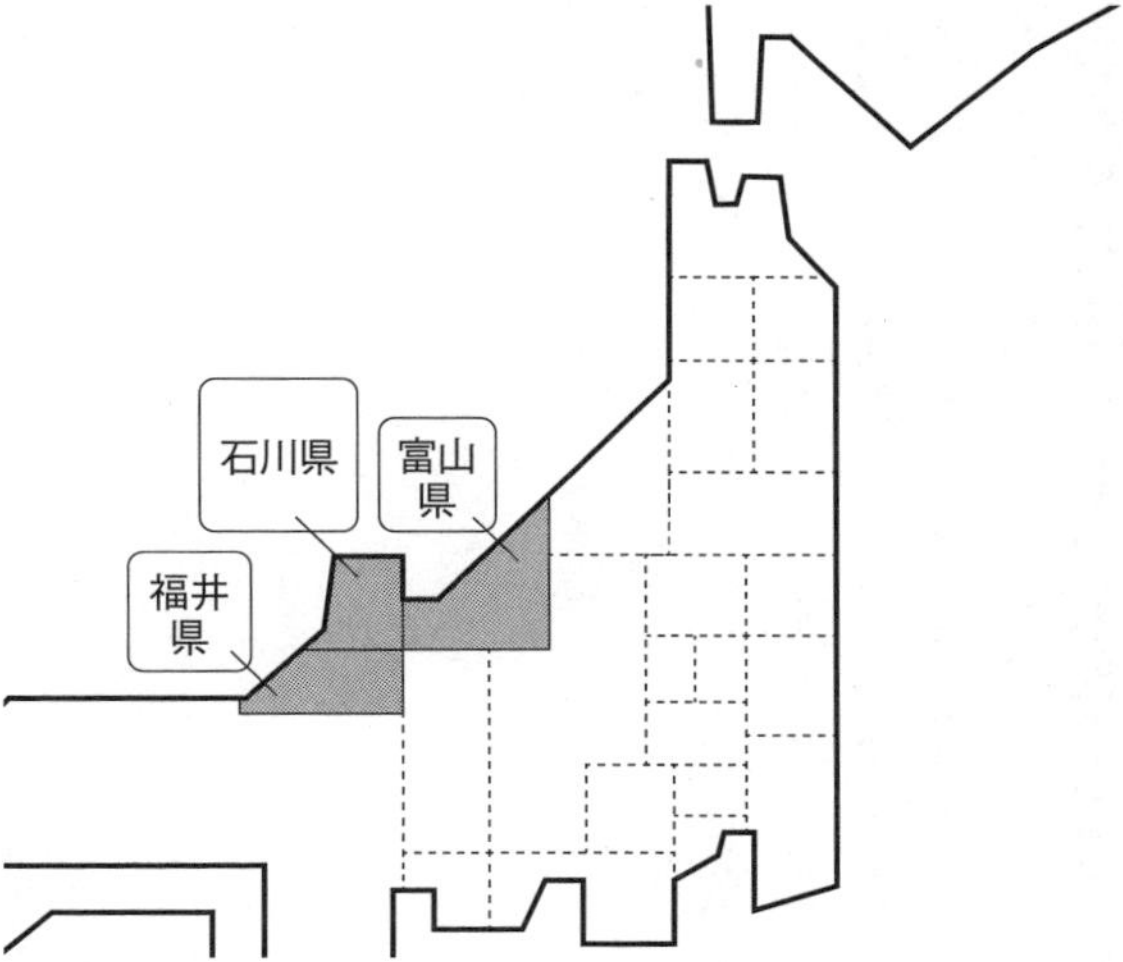

富　山

ユニークな商法「富山の薬売り」

富山というと、「越中富山の反魂丹《はんごんたん》」で有名な、富山の薬売りを思い出します。江戸時代に始まった、一家の常備薬を売り歩く行商人です。

全国各地の家に薬箱を置いていき、年に一、二度、またその家を訪ね、使った分の薬代をもらい、新しく薬を補充するというユニークな商売でした。十七世紀半ば、加賀藩から分かれた富山藩が、本家に頼らない財政基盤をつくるために生み出したアイデアの一つが、この売薬商法だったそうです。戦後になっても、まだときどき見かけました。

私は隣の石川県に住んでいた時期がありますから、富山県にも少しご縁があるんですが、石川県は加賀百万石という暖簾《のれん》の中で穏やかに構えていますが、金沢の大きなお店などには、富山からの資本が入っているところが多いんです。

こと実業の世界では富山は〃人材の宝庫〃という印象があります。日本の実業界で活躍する会社の創始者が、他県と比べても群を抜いて多い気がしますね。

安田財閥を創設した安田善次郎さん（富山市）。丸井の青井忠治《ちゅうじ》さん（射水《いみず》郡小杉町＝現・射水市）。ホテルニューオータニの大谷米太郎《よねたろう》さん（西砺波《にしとなみ》郡正得村＝現・小矢部市）。文房具のコクヨの黒田善太郎さん（富山市）。

実業以外でも、角川書店の角川源義《げんよし》さん（中新川郡東水橋町＝現・富山市）。元読売新聞社社主の正力松太郎さん（射水郡枇杷首村＝現・射水市大門《だいもん》町）。最近では二〇〇二（平成十四）年に、サラリーマンとしてノーベル化学賞を受賞された田中耕一さんも、富山市出身でしたね。謙虚で朴訥《ぼくとつ》な人柄が大人気でした。

俳優さんでもユニークな方がいっぱい出ています。左幸子さん、柴田理恵さん、室井滋《しげる》さん、野際陽子さん。ぐっと前に出るような方が多いような気がします。

作家の源氏鶏太さん（富山市出身）は、たしか富山商業を卒業されたと思うんですが、サラリーマン小説をお書きになったり、実業家を題材にした小説を書いたりと異色な方でした。堀田善衛《よしえ》さんは高岡市出身で、国際的な広い視野に立った発言も多くて、一味違った作家でしたね。

富山県は海と山に接している土地で、産物もいろいろありますけれど、いちばんの産物は〃人材〃だと思います。それこそ枚挙にいとまがないほどです。雪で閉ざされる冬の厳しい自然の中で育まれてきた、一種の反骨と言いますか、「なにくそ」という気概が、富山の人にはある気がします。富山の土地や自然、気候すべてがこういう人材を生み出すことに関わっているんでしょうね。

富山出身の歌手・津村謙さんは、下新川郡入善《にゅうぜん》町出身です。非常に紳士的で、折り目正しい方でした。懐かしい歌がたくさんありますが、代表作といえば『上海《シャンハイ》帰りのリル』でしょうか。

上海帰りのリル　（作詞＝東條寿三郎　作曲＝渡久地《とくち》政信《まさのぶ》）

船を見つめていた
ハマのキャバレーにいた
風の噂《うわさ》は　リル
上海帰りの　リル　リル
甘いせつない　思い出だけを
胸にたぐって　探して歩く
リル　リル　どこにいるのか　リル
だれかリルを　知らないか

タンゴのリズムにのって流れてくるこの歌は、『異国の丘』などと並んで、戦後の私たちにとって、当時の共通した心を宿している歌でした。外地から何百万という人たちが引き揚げてきたのですが、その中で家族を捜し歩く人たち、あるいは縁《えにし》のある人たちを捜し歩く姿が、歌からイメージされました。時代を映す歌だと思います。

津村さんの甘い声が素敵なんですが、昔の流行歌の歌い手さんは、口を大きく開けて、言葉を明瞭に、そしてお腹《なか》から声を出すように鍛えられていて、美声の持ち主が多かったですね。

艶っぽい異国情緒漂う「おわら風の盆」

富山市は富山港を控え、工業でも北陸の中心の一つです。歴史的にみても、古代から現代まで、富山港は非常に重要な位置を占めています。

越中富山というのは、日本海文化の要の一つで、奈良時代には、のちに『万葉集』の編纂《へんさん》をした大伴家持《おおとものやかもち》が越中守《えっちゅうのかみ》に任じられて来ています。江戸時代には北前船の寄港地として繁栄し、戦前からロシアの沿海州などへの輸出も盛んでした。

高岡市伏木《ふしき》には、かつて越中国国府がありました。また、山中の八尾《やつお》町（富山市）の

「おわら風の盆」など、富山には歴史を感じさせるものが多くあります。風の盆はすっかり有名になって、団体で訪れる方も多く、たいへんな賑わいのようです。

かつて私が行ったころは、ほんとうに寂々《さびさび》として、静かな町内のお祭りのような雰囲気でした。三味線と胡弓《こきゅう》が、独特の哀切感を醸し出すんです。踊りが入り、夜半になって町を流して、自分のうちの前まで来ると「失礼」と言って、一人また一人と消えていく。二十人が十人になり、十人が五人になり、最後はぽつんと消える。風情のあるお祭りでした。いまや、宿も一年前から予約しないと取れないくらいの人気だそうです。

風の盆には古い念仏踊りの所作が交じっているように見え、中国渡りの胡弓の音が異国情緒を感じさせます。何か艶《つや》っぽい踊りだなと感じたのは、さまざまな文化が入り込んでいるからなのかもしれません。私は一九七一年、「おわら風の盆」を舞台に『風の柩《ひつぎ》』という作品（現在は徳間文庫などに所収）を書きました。風の盆と戦争時代の問題を結び付けた小説です。その後、高橋治《おさむ》さんが『風の盆恋歌』（一九八五年）という作品を書いて、風の盆が一挙にブレイクしました。四年後には同じ題名の歌が作られ、石川さゆりさんが歌ってヒットしました。

風の盆恋歌　（作詞＝なかにし礼　作曲＝三木たかし）

蚊帳《かや》の中から　花を見る
咲いてはかない　酔芙蓉《すいふよう》
若い日の　美しい
私を抱いて　ほしかった
しのび逢《あ》う恋　風の盆

「おわら」と聞くと、もう一つ思い出すのが、『越中おわら』です。大学に入って最初にクラスのコンパをやったとき、それぞれの出身地の歌を披露したんです。私の〝生涯の友〟と言える大学時代の友人が、富山の滑川《なめりかわ》の出身で、『越中おわら』を歌いました。「越中で立山《たてやま》、加賀では白山《はくさん》、駿河《するが》の富士山三国一だよ」というハヤシが入るんですが、本歌は高音で、しかも息を長くつがなくてはいけない。金沢の芸妓さんたちも、『越中おわら』は歌えないと言うくらい難しい。でも、彼は非常にうまく歌ったんです。

富山県の西に位置する南砺《なんと》市の井波《いなみ》に、瑞泉寺《ずいせん》という真宗大谷派の古い立派なお寺があります。このお寺は寺内町《じないまち》です。城下町はお城の下にある町、門前町は大きな寺社の周辺に形成された町ですが、お寺の中に町があるものを寺内町と言います。

まわりに濠《ほり》を掘って土塁を築き、生活の場と戦いの場、そして信仰の場が一体となっている。寺が滅びるときは町も滅びるという運命共同体で、中世のころに日本各地にできました。織田信長ら全国制覇を目指す武将たちにとっては、一揆の総本山のような大坂の石山本願寺や、京都の山科《やましな》本願寺などを含め、寺内町はやっかいな存在だったと思います。

瑞泉寺は見事な木彫工芸の寺として、井波はそれを支えた職人が住み着いた工芸の町として、いまも栄えています。富山を訪れたら、一度は足を延ばすことをお勧めします。

南砺市にある、合掌造りで有名な五箇山《ごかやま》に伝わる民謡『こきりこ節』をアレンジした、『はぐれコキリコ』という曲があります。作曲をした聖川湧《ひじりかわゆう》さんは富山・射水市の出身です。

はぐれコキリコ　　（作詞＝もず唱平　作曲＝聖川湧）

立山に両の掌《て》合わせ
せめて便りが　噂が欲しい
まだ未練たち切れないとなぜじれる
越中　雪の湯の町で
おんなが歌う　あゝ　はぐれコキリコ

藤子不二雄Ⓐの『少年時代』の舞台

富山の食べ物で印象に残るものというと、やはり海のものです。白エビにホタルイカ、イワシにブリと、富山湾の豊かな海の幸がいろいろあります。氷見《ひみ》などに行くと、「氷見の魚を食べたら、よその魚は食えん」という自慢話をよく聞かされました。もっとも最近では、一風変わった醬油ラーメン、富山のブラック・ラーメンが全国的に話題を呼んでいるといいます。

氷見市は、富山湾に面して、能登半島の付け根にあります。私のマージャン仲間でもある漫画家の藤子不二雄Ⓐ（安孫子素雄《あびこもとお》）さんが、ここの出身です。氷見に行ったとき、町なかに忍者ハットリくんをはじめ、彼のキャラクターがあふれていて、郷土の英雄なんだなと、改めて感心したのを覚えています。

藤子不二雄Ⓐさんの作品に、『少年時代』（『週刊少年マガジン』一九七八〜七九年連載）がありますね。芥川賞作家、柏原兵三《かしわばらひょうぞう》さんの小説『長い道』（一九六九年）をもとに、舞台を自身の郷里・氷見に置き換えて漫画化したものです。その後『少年時代』というタイトルで映画化され（一九九〇年・篠田正浩《しのだまさひろ》監督）、井上陽水さんが歌った同名の主題歌も大ヒットしました。

少年時代　（作詞＝井上陽水　作曲＝井上陽水・平井夏美）

夏が過ぎ　風あざみ
誰のあこがれに　さまよう
青空に残された　私の心は夏模様

夢が覚め　夜の中
永い冬が　窓を閉じて
呼びかけたままで
夢はつまり　想い出のあとさき

夏まつり　宵《よい》かがり
胸のたかなりに　あわせて
八月は夢花火　私の心は夏模様

忘れてはならないのが、富山人の最大の自慢といわれ、日本で唯一氷河をいだく名峰・立山連峰。その立山の秘境ともいえる奥地の黒部峡谷には、いま観光用にトロッコ電車が通っています。これはもともと黒部ダムの建設用に敷設された鉄道です。堤高《ていこう》（ダムの高さ）百八十六メートルは日本一だそうですが、ほんとうに大変だったろうなと思います。黒部ダム建設を描いた、石原裕次郎さん主演の映画『黒部の太陽』（一九六八年・熊井啓監督）も忘れられません。この映画は大きな話題になりました。黒部ダムの建設に加わった人たちにとって、この映画は、生涯の誇りだったと思います。

石　川

第二の故郷・金沢

私にとって石川県の金沢は、第二の故郷ともいえる土地で、身内の話をするようで、客観的にお話しするのが難しいところがあります。

四十数年前、三十四歳のとき直木賞（『蒼《あお》ざめた馬を見よ』一九六七年）をいただいたのですが、金沢に住んで作品を書いていましたので、受賞の連絡を、金沢市内の喫茶店で受けました。取材のリポーターの方たちが、かなり詰め掛けていたんです。その後も、金沢市が主催する泉鏡花文学賞の選考委員になり、ご縁がつづいています。

選考委員として第一回から四十六年目になりますが、一度も休むことなく務めて、自分でもよくこんなに長くつづいたものだと驚いています。数年前の四十回目には、金沢市民芸術村に野外テントを張ったイベントを開催しました。麿赤兒《まろあかじ》さんなど、いろんな方がお見えになって大盛況でした。私の小説には『朱鷺《とき》の墓』や『浅の川暮色』など、金沢が舞台のものも少なくありません。『恋歌』『内灘夫人《うちなだ》』も石川県が舞台です。

金沢は北陸の小京都と言われますが、雅《みやび》な都ぶりを誇るだけでなく、北陸の厳しい風土や歴史を背負っていることが、京都との大きな違いです。近年は新幹線が乗り入れ、東京と約二時間半で結ばれましたが、うれしいような寂しいような気持ちです。しかし、それもいまの世の流れですから、むしろ、金沢の新しい魅力を生み出す大きな刺激になるのではないか、と考えるようにしています。

兼六園の雪吊りに輪島の千枚田の風物詩

金沢というより、石川県人全体が、ぼっこりした（せかせかしない）イメージとでも言うんでしょうか、そんな県民性を感じさせます。加賀百万石を誇ったはずなのに、それをあえて言わないところが、プライドなんですね。

石川県は、北部を能登地方、南部を加賀地方とよびますが、加賀の中心である金沢市内でも、百万石の武家文化を濃厚に漂わせる地区もあれば、浅野川流域のように、職人さんたちが住む、庶民的な町もあります。県全体では、白山《はくさん》周辺には、穏やかだけれども粘り強い山際の文化があり、能登《のと》半島は、情熱的で野性的な気質があります。

能登は、ほかとは風土が違って、「奇祭の宝庫」といわれ、能登島向田の火祭など、エネルギーを感じさせる催しがたくさんあります。かつては北前船の往来が盛んで、大陸文化との交流も深く、北陸の玄関口と言ってもいいような、重要な地でした。奈良時代には、既に繁栄していたそうで、天平《てんぴょう》年間に、大伴家持が越中国《えっちゅうのくに》（現在の富山・石川県を含む）の国司として赴任していたりします。

また、輪島には美しい白米《しろよね》の千枚田があり、二〇一一年に国連食糧農業機関（FAO）により、日本で初めての世界農業遺産として認定された地域だそうです。野菜では、源助だいこん、五郎島金時など、加賀野菜として上手にブランド化していますね。

石川県には、美味《おい》しい食べ物がいろいろあります。金沢の近江町《おうみちょう》市場は、もともと町の人たちが、自分たちの日常食料品の売買のために設けた市場でしたが、いまでは観光の名所になって、大勢の人が訪れています。金沢を訪れたら、ぜひ食べていただきたいのが、寒ブリです。晩秋から初冬にかけて響いてくる遠雷を「鰤起《ぶりお》こし」と言います。雷が鳴り出すと、能登半島沖に、脂ののったおいしいブリがやって来るので、そう呼ばれるのです。

金沢には、重たい雪が降るといわれます。日本海の湿気を含んでいる雪ですから、北海道のパウダースノーとは違って、べとつくんですね。兼六園では、十一月初めに雪吊《ゆきつ》りという行事があります。立ち木の真ん中に芯柱を立てて、鳶《とび》の職人さんが上から縄をパーッとまいて、唐傘の骨のように、上から縄で枝を吊るんです。冬の風物詩として、カメラマンがたくさん集まりますが、あれは観光用ではなく実用のためなんです。
石川さゆりさんが歌っている『能登半島』という歌があります。

能登半島　（作詞＝阿久悠《あくゆう》　作曲＝三木たかし）

夜明け間近　北の海は波も荒く
心細い旅の女　泣かせるよう
ほつれ髪を指に　巻いて溜息《ためいき》つき
通り過ぎる　景色ばかり見つめていた
十九なかばの　恋知らず
十九なかばで　恋を知り
あなた　あなたたずねて行く旅は
夏から秋への　能登半島

信仰が根付いた「百姓の持ちたる国」

石川県には「虫送り」という、私がとても好きな言葉があります。秋の収穫期に害虫が出てくるのですが、殺虫剤を使わず、夜中に松明《たいまつ》を焚《た》いて、太鼓を叩《たた》いて隣村に虫を追い払うんです。隣村では、やってきた虫をさらに海際のほうへ追い払っていく。これは信仰が深く根付き、できるだけ殺生《せっしょう》を避けようとする土地ならではの風習だと思います。

戦国時代初期、加賀では一向一揆という大きな一揆があって、それ以後、織田信長が登場するまで百年近く、「百姓の持ちたる国」と言われました。このことも、石川県の歴史を貫く大きな特徴です。

出身者も多彩です。桃山時代を代表する画家、長谷川等伯《とうはく》の出身が七尾市です。等伯は三十少し過ぎで、京都へ上りますが、彼の傑作と言われている「松林図」の屏風絵《びょうぶえ》は、北陸の海岸沿いの松林の姿そのものです。

秋から曇りの日が多くなり、「弁当忘れても傘忘れるな」と言われるほど、雨の多い土地柄です。そのせいか、内省的と言いますか、ものごとを深く考える哲学者、思想家、作家がたくさん出ています。

金沢からは、いわゆる〝三文豪〟の徳田秋聲《しゅうせい》、泉鏡花、室生犀星《むろうさいせい》が出ています。そのほかに〝加賀の三太郎〟と言って、哲学者の西田幾多郎《きたろう》、仏教哲学者の鈴木大拙（貞太郎《ていたろう》）、国文学者の藤岡作太郎が、旧制四高の同窓です。

市の中心部にある繁華街・香林坊《こうりんぼう》から、兼六園のほうに上がって行くと、左側に赤レンガの古風な建物が見えます。四高の校舎跡で、灰色の空と雪景色に赤レンガが映えて美しいんです。これは、「石川四高記念交流文化館」と言って、四高の歴史と伝統を展示するとともに、石川県ゆかりの文学者の資料も展示しています。

あたり一帯は広々としたプロムナードになっていて、旧石川県庁の建物には、有名なフランス料理店が入っている。その旧石川県庁の建物の向かい側には、二〇〇四年、金沢21世紀美術館という現代美術館が開館し、全国の若いアート愛好家、外国人観光客もたくさん訪れるようになり、新たな賑わいを創出しています。古いものと新しいものが融合している街なんです。

伝統といえば、石川県には工芸作家の重要無形文化財保持者、いわゆる人間国宝に認定された方がとても多いんです。特産の金箔《きんぱく》をはじめ、輪島塗、加賀友禅、九谷焼、七尾の仏壇、水引細工や茶事で用いられる銅鑼《どら》作りの名人もいます。昔は生活の中で水引をよく使いました。豪華なものもありましたし、水引で作った雛《ひな》祭りのお雛様もあったくらいです。

文豪たちが作詞した金沢の校歌

俳人の加賀千代女《かがのちよじよ》、歌手の浅川マキさんが現在の白山市出身なんです。私がまだ小説現代新人賞（一九六六年・『さらばモスクワ愚連隊』）をもらいたてのころ、おかっぱ頭の浅川さんが西瓜《すいか》を提げて、私の住まいに訪ねてきたことがあります。歌手として東京で挫折して、一時、郷里へ帰ってきていた時期ではないかと思います。寺山修司さんにみいだされて、有名になる前のことです。一時代を画する歌い手さんでしたが、亡くなってしまい、大変残念です。

夜が明けたら　　（作詞・作曲＝浅川マキ）

夜が明けたら一番早い汽車に乗るから
切符を用意してちょうだい
私のために一枚でいいからさ
今夜でこの街とはさよならね
わりといい街だったけどね

夜が明けたら一番早い汽車に乗って
いつかうわさに聞いたあの街へ
あの街へ行くのよ
いい人が出来るかもしれないし
んーあの街へ行くのよ

浅川さんは野太い、強い個性がある方でしたから、保守的と言われる石川県では、息苦しく感じていたのかもしれないですね。

私も金沢のことを歌にしているんですが、『金沢望郷歌』という楽曲です。「ラジオ深夜便」の「歌の旅びと」のテーマソングでおなじみの松原健之《たけし》さんが歌って下さっています。数年前、「金沢発ラジオ深夜便」で、石川県ゆかりの歌のリクエストを募集したら、ナンバーワンだったそうです。

金沢望郷歌　（作詞＝五木寛之　作曲＝弦哲也）

桜橋から　大橋みれば

川の岸辺に　かげろう揺れる
流れる雲よ　空の青さよ
犀星の詩《うた》を　うつす犀川《さいがわ》
この街に生まれ　この街に生きる
わがふるさとは金沢　夢を抱《だ》く街

春の風ふく　香林坊に
小松砂丘の　句《ことば》がのこる
過ぎゆく歳月《とき》よ　街は変われど
辰巳《たつみ》の用水《みず》は　今日も流れて
この街に生まれ　この街に生きる
わがふるさとは金沢　夢を抱く街

この歌の二番に出てくる小松砂丘は、画家でもある地元の俳人の号です。また、室生犀星をはじめ、文豪と言われる人たちが金沢の学校の校歌を書いています。学生さんたちも、歌っているときは気がつかなくても、何かしら香り高い雰囲気を感じているのではないかと思います。私も、金沢辰巳丘《たつみがおか》高等学校という新しい高校が創立されるとき、校長先生がお見えになって、「ぜひ歌を書いてください」と依頼されました。校歌はおこがましいので、旧制高校の寮歌のようなものをプレゼントしました。卒業式にみんなが歌う歌で、自分でも好きなので、ご紹介したいと思います。

石川県立金沢辰巳丘高等学校学生歌第二番『友を送る歌』、歌は金沢混声合唱団と、金沢辰巳丘高等学校の合唱部のみなさんが歌っています。

友を送る歌　（作詞＝五木寛之　作曲＝山崎ハコ）

遠い空へと鳥が渡る
別れの言葉をとどけたい
いま北国のふるさとに
波立つこころで春をまってる
カリヨンの鐘は鳴り　辰巳の丘に
学《まな》び舎《や》のすがたいつまでも
若いこころを燃やして行こう
友達はみんな　あたたかいから

＊カリヨンは鐘楼《しょうろう》のこと

石川県については、百分の一ぐらいしかお話しできませんでした。もっともっと、たくさんのことがある土地です。多くの方に実際にいらしてもらい、是非、見ていただきたいものです。

福井

蓮如上人の布教の拠点・吉崎御坊

福井にもいろいろなご縁があり、非常に思い入れが深い土地です。

私が作家になる前、金沢に住んでいたのはご存じと思いますが、ちょうどそのころ、妻が新米の医師として福井の病院に勤めていたので、私は週末になると妻を迎えがてら、金沢から福井に行って、県のあちこちを気ままに探索していたんです。

福井は、ちょっと見には地味なんですが、見どころがたくさんあり、深い歴史があり、人材も豊富に出ています。名産や名物も多い。

室町時代の浄土真宗の僧・蓮如《れんにょ》上人ゆかりの地で、念仏信仰が草の根のようにしみ込んだ土地柄でもあるんです。私は蓮如を描いた評伝や戯曲も書いています。

浄土真宗の開祖は、鎌倉時代初めの僧・親鸞ですが、日本人が「南無阿弥陀仏《なむあみだぶつ》」という言葉に、現在のような感覚で親しむようになったのは、じつは蓮如の働きによるものなんです。ですから蓮如は、「本願寺中興の祖」と呼ばれている。その蓮如の布教の拠点が、北陸の吉崎（現・あわら市）でした。

海に面した高台にある吉崎御坊の門をくぐると、極楽のような施設がそびえ、往時は門徒が全国から参集して、いまからは想像できないほどの賑《にぎ》わいだったそうです。この世のパラダイスのような景色だったのではないでしょうか。

御坊の本堂跡にある蓮如像は、彫刻家・高村光雲が、一九三四（昭和九）年に完成させた像で、彼の代表作でもあります。春は桜の花に埋もれるように立っていて、とても美しい風景です。太平洋戦争中、金属供出で像の取り壊しが命じられたんですが、村の人たちが人垣を作って、守り通したという話もあります。それくらい、深い信仰心が根付いている土地柄です。

福井には、一方に天下に有名な、曹洞禅《そうとうぜん》の本山、永平寺（永平寺町）があります。永平寺に一週間ほど、にわか修行に行ったことがありますが、寒くて大変でした。でもいちばん辛かったのは、無言の行。食事の間も、しゃべることはおろか、音を立ててもいけないんです。

たくあんを「カリッ」と嚙んだら、お坊さんにグッとにらまれましてね。しかたがないから、口の中でしゃぶって飲み込みました。いまでは懐かしい思い出です。

福井の現・越前市出身の、野路《のじ》由紀子さんのデビュー曲に『私が生まれて育ったところ』という歌があります。

私が生まれて育ったところ　（作詞・作曲＝聖川湧）

私が生まれて　育ったところは
どこにもあるような
海辺の小さな　港のある町よ
かもめと遊んで　かもめと泣いた
幼いあの頃に
もどりたい　もどりたい　もう一度
男に捨てられた
泣かされた　だまされた
そんな私が　そんな私が
ばかに　ばかに見えるでしょう
大人の世界を知らない頃に
もどってみたいけど

むりかしら　むりなのね
いやになっちゃうわ

幸福度が日本でもトップクラス

福井県は、旧国名では、越前国《えちぜんのくに》と若狭国《わかさのくに》が含まれ、日本海や若狭湾に面して南北に長く、気象情報でも、木ノ芽峠を境に、嶺北《れいほく》（越前）・嶺南（若狭）と分かれているそうです。海沿いで湿度が高く、曇りの日が多い。

蓮如は、晩年京都に引き揚げるんですが、その理由として、福井の天候のために、リウマチの症状が悪化したからだという説もあるくらいです。

とはいえ福井は、全国でも住みやすい町の上位にあります。幸福度が日本でもトップクラス。一人当たりの家の面積が大きく、通勤時間が短い。共働きが多くて、祖父母が子育てに加わって、家族の結束が固い地域だそうです。

大正から昭和の初めのころ、福井は織物の産地として有名でした。戦後も織物が復興して羽振りが良く、金沢の花街の旦那衆は、福井、富山の人が多いくらいでした。かつては、羽二重とか絹織物が盛んだったようですね。

戦後間もなく、一九四八年に大地震があって、福井は壊滅的な被害を受けたんです。

焼け野原になって、復興は無理だと言われたのが、あっという間に立ち直り、メインストリートに「フェニックス（不死鳥）通り」という名前をつけたそうです。

ですから、福井の持つ潜在的なエネルギーというのは、すごいんですね。県民気質を調べてみると、負けず嫌いで辛抱強いとのことです。ふだんは穏和だけど、逆境には強い。

蓮如のお話のつづきになりますが、浄土真宗は一度、戦国時代に織田信長につぶされるんです。一向一揆《いっこういっき》といって、浄土真宗の信徒が自治を守ろうとして信長と戦い、結局鎮圧されてしまった。にもかかわらず、いまだに県内のお寺の七、八割は浄土真宗だそうです。負けていませんね。

浄土真宗の門徒は、ご婦人たちが「講」という集まりを持っているんです。漬物や家庭料理を持ち寄って、大きな鍋で煮立てたお茶を飲みながら、信心を語る風景があったそうです。

福井ゆかりの音楽家というと、フォーク歌手の高石ともやさんは名田庄《なたしよう》村（現・おおい町）に十三年間住んで、音楽活動をしていました。『受験生ブルース』などで、フォークの全盛期を築いたスターでしたが、マラソンもしていました。

こんな珍しい歌も歌っています。

想い出の赤いヤッケ　（作詞＝菊池平三郎　作曲＝三沢聖彦）

いつの日にか　君にあえると
きっと　きっと　信じてた
けど　もう　やめたやめた

白い雲と　青い空と
赤いヤッケと　あの娘と
今のゲレンデは　想い出だけ
君のかげさえも　今はもう見えず

福井の若狭国は「御食つ国」

福井県からは、優れた文人墨客《ぼっかく》が多く出ているんですけれども、その中に江戸時代の学者で橘《たちばな》曙覧《あけみ》という有名な歌人がいるんです。その人が『独楽吟《どくらくぎん》』の中で『たのしみは』という一連の和歌を読んでいる。

たのしみは　まれに魚烹《うおに》て　児等《こら》皆が　うましうましと　いひて食ふ時

ときたま新鮮な魚を買ってきて、母親が煮て食卓に出すと、子どもたちが「お魚っておいしいね」「お父さん、ありがとう」って大喜びする。それを見ているのが人生の楽しみの一つだという歌です。福井のことを考えるとき、いつもこういう和やかな風景を思い出すんです。

福井の若狭国は、古代から皇室に副食品を貢ぐ「御食《みけ》つ国《くに》」の一つでした。ですから福井には、美味しいものが多いんです。たとえば、越前ガニ。ずっと高級品と思っていたら、現地でメスを〝せいこ〟と呼んで、割に安く売られている。福井でカニは、普段づかいの食材で、昭和の初めぐらいまでは、子どものおやつだったそうです。

戦国武将の本多重次《しげつぐ》が、戦陣から妻に送った有名な手紙で、「一筆啓上　火の用心お仙泣かすな　馬肥やせ」があります。このお仙とは、後に福井・丸岡藩の藩主になった息子・成重のことです。丸岡町ではそれにあやかって、「一筆啓上賞」という、日本一短い手紙のコンテストを行っていました。

丸岡城は、「日本でいちばんかわいい天守閣」と言われています。三階建てで、高さ十二メートルほどの小さな天守閣ですが、上がってみると、福井平野を見渡すことができ、白山《はくさん》の峰々も見える。こういう小座敷のようなところを、書斎にできたらいいなと思いました。

水森かおりさんが歌う、福井ゆかりの歌で『東尋坊《とうじんぼう》』という曲があります。

東尋坊　　（作詞＝木下龍太郎　作曲＝弦哲也《げんてつや》）

別れ旅する　女の胸を
見抜いて泣くのか　日本海
波の花散る
しぶき　越前　東尋坊
行きは貴方《あなた》が　道連れだけど
帰りは涙と　ふたり連れ

「海のある奈良」といわれた日本海の町

福井県出身の作家といえば、中野重治さん（現・坂井市）、高見順さん（現・坂井市）、水上勉さん（現・おおい町）がいます。絵本作家の、いわさきちひろさんは現在の越前市、映画監督では吉田喜重《よししげ》さん、俳優では宇野重吉さんが福井市出身です。宇野さんとは福井でよくお目にかかりました。いまはもうありませんが、福井市内の品川書店という老舗書店で、宇野さんがときどき講演をされていたんです。

学者も錚々《そうそう》たる顔ぶれで、地球物理学の竹内均《ひとし》さんが大野市出身、ノーベル物理学賞の南部陽一郎さんが福井市育ち、フランス文学の桑原武夫さんが敦賀《つるが》市、漢字研究の泰斗《たいと》・白川静さんが福井市の出身です。

白川さんとは対談のお約束があったんですが、お亡くなりになって残念ながら果たせませんでした。白川さんの漢字の本は、どれを読んでも目からうろこが落ちる思いです。本当にユニークな大学者です。

福井出身の方は、芸術家も学者も、新しい時代を作ってきた方が多いという印象を受けます。

実業の世界で成功している方も多く、反権力の姿勢を貫き通した方もたくさんいます。越前、若狭それぞれ鮮烈なイメージがあって、福井県の人は個性が立っていますね。

美浜《みはま》町出身の五木ひろしさんが作曲して歌った、『ふりむけば日本海』という曲があるのですが、作詞は私が手がけていて、二番に「五勺《ごしゃく》の酒に酔って」という歌詞が出てきます。これは、私が愛読していた中野重治さんの作品のタイトルを借りているんです。中野重治さんが戦後まもなく書かれた『五勺の酒』は、大変重いテーマの小説です。

録音のとき、スタッフが「五勺ってなんですか」って聞くので、「一合の半分のこと」と答えましたが、もういまの若い人たちには、通じないんでしょうね。

ふりむけば日本海　（作詞＝五木寛之　作曲＝五木ひろし）

北へ急ぐ女《ひと》も　西へむかう男《ひと》も
みんな背中に
夢を　ひとつずつしょっている
だけど　おれは　ひとり
あてもなく　海ぞいの町をゆく
帰りたい　帰りたくない　迷う心で
ふりむけば　日本海
海鳥の歌も　きこえない

五勺の酒に酔って　故郷《くに》の唄をうたえば
寒い町にも　ぽつんと
あたたかい灯《ひ》がともる

なぜに　こうまで　意地を
通すのか　時代に背をむけて
信じたい　信じてほしい　あの日の愛を
ふりむけば　日本海
如月《きさらぎ》の　白い風が吹く

きっと　いつかは　あなたに
とどけたい　こころの真実を
忘れない　忘れたくない　ふたりの夢を
ふりむけば　日本海
さすらいの胸に　陽《ひ》が昇る

アメリカのオバマ元大統領との交流が話題になった小浜《おばま》市は、昔「海のある奈良」と言われていました。かつては中国との対宋、対明貿易で賑わい、ロシアの沿海州や朝鮮半島からの船が、小浜や敦賀《つるが》などの港にどんどん入ってくる時代が長くつづきました。そして、小さな小浜の町には、百を超える寺院があって、貴重な仏像も多く、まるで奈良の都のようだったからでしょう。

裏日本なんて呼ばれていましたが、それどころか、むしろこちらのほうが表日本だったんです。京都にも近く、北陸と都の文化がうまく融合して、懐かしさを感じさせてくれる土地なんです。

駿河、尾張、三河、岐阜を訪ねて

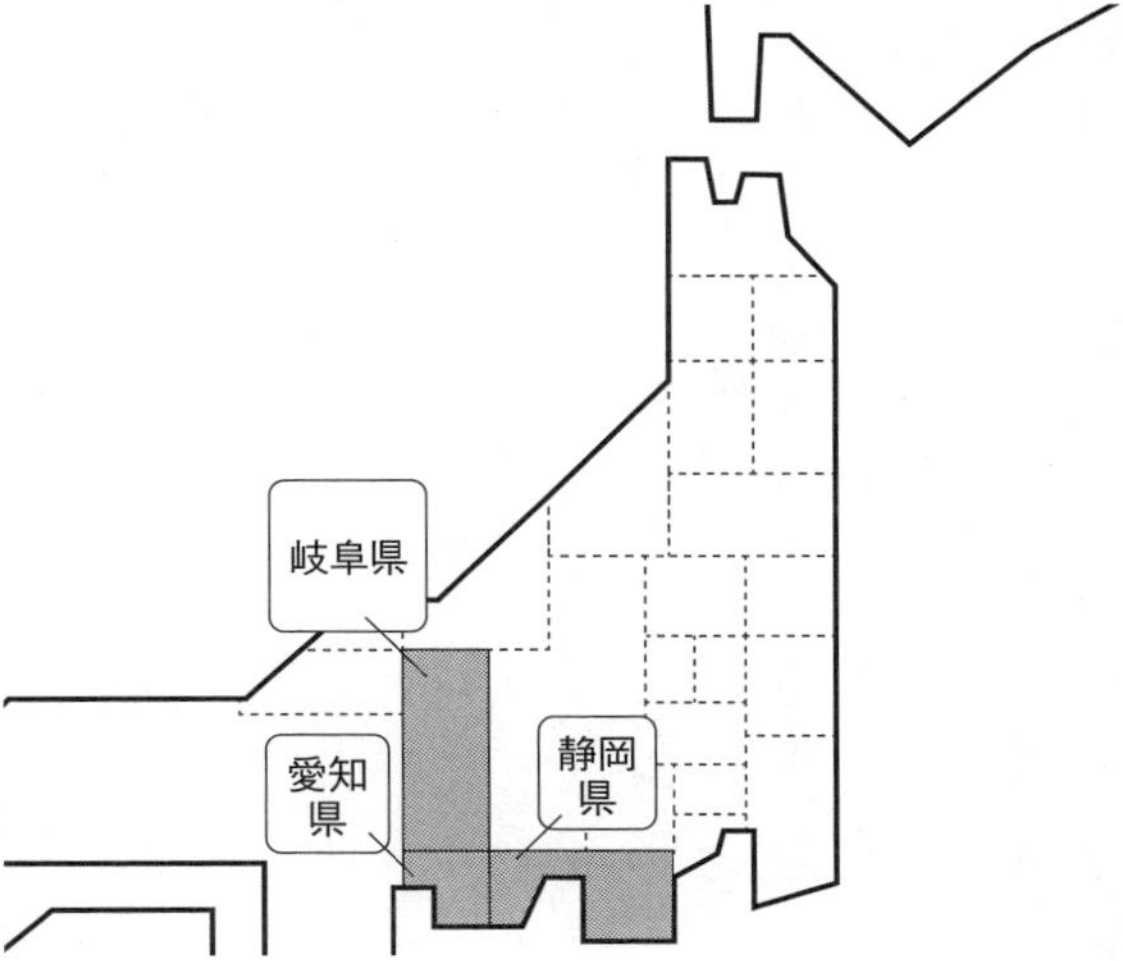

静　岡

旅ゆけば駿河の国に茶の香り

静岡は、私がいま住んでいる神奈川県のお隣の県です。昔よく東名高速を走りましたが、静岡というのは、とにかく東西に長くて驚いたものです。あるとき新幹線の停車駅がいちばん多い県が静岡だと聞いて、「ああ、そうか」と納得できました。

なにしろ広い県ですから、『静岡新聞』の地域面も、西部、中部、東部、伊豆と分かれているそうですね。地域によって、住む人の気質や文化もさまざまなのでしょう。県民性を分析した雑学本のようなものを読みますと、東部の男性はどちらかというと、おっとり型の方が多く、西部の方は行動力、ハングリー精神があると出ています。伊豆は伊豆で、独特の気質があるようですね。

真偽のほどはともかくとして、女性は一般的に、活動的でさっぱりした性格で、腹にためない人が多いと書いてありました。

そういえば西部地域に当たる浜松に行ったときに、「やらまいか」という言葉をよく耳にしました。とりあえずやってみて、だめならまた考えてみればいいじゃないかという意味だそうです。たしかに当たっているといえば、当たっているようにも思えますね。

浜松はまた、発明家が続々と出ている土地です。「テレビの父」と言われ、その開発に携わった高柳健次郎さんは、浜名郡和田村（現・浜松市）の出身。最初にブラウン管による電送・受像に成功したのが「イ」という文字だったと記録に残っています。また、オートバイでホンダの名前を世界に広めたのは、本田宗一郎さんです。技術系の方が生まれる土壌があったのでしょうか。ヤマハのオートバイや楽器の生産、ハイテク産業も盛んです。

静岡は昔、清水の次郎長という有名な俠客《きょうかく》が出た土地です。父が浪曲好きでしたから、私は広沢虎造の『石松三十石船道中』（清水次郎長伝）などを暗唱できるくらいです。次郎長の一番の子分・石松の物語ですが、有名な一節がありますね。石松はこの旅の帰り道、彦根で殺されてしまいましたが。

「旅ゆけば駿河《するが》の国に茶の香り、名題《なだい》なるかな東海道、名所古蹟《こせき》の多いところ」

石松のいうとおり、駿河の国（静岡）には、富士山やお茶をはじめ、宝がいっぱいあります。

お茶というと、私の郷里の福岡県の八女郡《やめ》でも、いまはいいお茶がとれるんです。母の実家や親戚の家があって、お茶とみかんを栽培していました。昔は八女産と言っても売れませんでした。そこで静岡から技師を招いて技術改良をしたという歴史があるんです。それほど、静岡茶の製茶技術とブランドは、江戸のころから全国に知れ渡っていたんですね。おかげで八女茶の品質も向上し、名前も広く知られるようになり、いまでは、ちょっと鼻が高いんです。

わざわざお国自慢をする必要がないくらい、静岡には誇るものがたくさんあります。食べ物では、最近富士宮やきそばとか、静岡おでんなどが、B級グルメのコンテストで上位入賞しているそうです。

お茶と並んで有名なのが、温泉が豊富なことです。温泉は静岡の特色の一つです。

懐かしい歌で、戦後、近江俊郎さんが歌って大ヒットした、『湯の町エレジー』を聴くと、伊豆の風景が目に浮かびます。歌が流行ったころ私は中学生で、まだ伊豆に行ったこともなかったんですが、銭湯に行くとき、手ぬぐいと石鹸《せっけん》と洗面器を持って、「伊豆の山々　月あわく」と歌ったものです。

その後、美空ひばりさんの持ち歌にもなりましたが、当時の飲み屋街では、流しの人にいちばんリクエストの多い歌でした。

湯の町エレジー　　（作詞＝野村俊夫　作曲＝古賀政男）

伊豆の山々　月あわく
灯《あか》りにむせぶ　湯のけむり
ああ初恋の　君をたずねて　今宵《こよい》また
ギター爪弾《つまび》く　旅の鳥

往年の大スター・鶴田浩二

『戒厳令《かいげんれい》の夜』という私の小説を映画化したとき、主演してくれたのが鶴田さんでした。兵庫県のお生まれですが、戸籍上の生地は浜松市だそうです。モダンな二枚目役でスタートし、仁侠映画ブームが来たときに、高倉健さんや池部良さんと共演し、一時代を画した大スターでした。

歌うスターの先駆けで、『街のサンドイッチマン』などのヒット曲があります。仁侠映画で活躍していたころの鶴田さんの歌、『傷だらけの人生』は忘れられません。

傷だらけの人生　　（作詞＝藤田まさと　作曲＝吉田正）

古い奴《やつ》だとお思いでしょうが　古い奴こそ
新しいものを欲しがるもんでございます
どこに新しいものがございましょう
生まれた土地は荒れ放題　今の世の中
右も左も真暗闇《まつくらやみ》じゃござんせんか

何から何まで　真暗闇よ
すじの通らぬ　ことばかり
右を向いても　左を見ても
莫迦《ばか》と阿呆《あほう》の　からみあい
どこに男の　夢がある

以前、清水に行ったときのことですが、「静岡市との合併で、清水は区になりました」と聞いて、ちょっと残念に思ったことがあります。合併は合理化という時代の流れなんでしょうけれど、親しんできた市の名称が変わるのは寂しい気がしました。

漫画やアニメで有名な『ちびまる子ちゃん』の原作者、さくらももこさんが清水市（現・静岡市清水区）出身ですね。作品の中に登場するケンタ少年は、のちに清水エスパルスで大活躍し、監督もした長谷川健太さんがモデルで、さくらさんと同じ学校の同学年だったそうです。

思い出すままに挙げると、江戸時代の『東海道中膝栗毛《ひざくりげ》』の作者、十返舎一九《じっぺんしゃいっく》が、駿河は府中（現・静岡市葵《あおい》区）の生まれです。詩人の大岡信《まこと》さんが田方郡三島町（現・三島市）。映画監督の木下恵介さんと、作曲家の弟・木下忠司《ちゅうじ》さんが、浜松市の出身です。忠司さんは戦後のうたごえ運動でも活躍しましたが、お兄さんの木下恵介さんが監督した、映画『喜びも悲しみも幾歳月《いくとしつき》』（一九五七年）の主題曲もお書きになっています。

文学者に愛された伊豆

新聞連載小説などを書くとき、挿絵画家の方に絵を入れていただいて、支えられることが多いんです。私が何度もコンビを組んだ村上豊さんが静岡（三島市）出身でした。彼は穏やかでものに動じない人なんですね。

作家の井上靖《やすし》さんも、静岡にご縁がある方です。生まれは北海道ですが、湯ケ島《ゆがしま》（現・伊豆市）で、代々お医者さんを出したお家柄だそうです。長泉町に文学館があります。

井上さんには、私のもう一つの郷里、金沢市が主催する泉鏡花文学賞の選考委員として、お世話になりました。井上さんは、金沢の旧制四高に通っていたころは柔道部にいて、スター選手で有名でした。静岡の人は、一見温厚なんだけれども、一本筋が通って、じつは、なかなか腰が据わっているという印象があります。

おっとりしていても、〝フジヤマの飛び魚〟と呼ばれた古橋広之進さん（浜名郡雄踏《ゆうとう》町＝現・浜松市出身）のように、時代を切り開いてきた方が少なくありません。

伊豆はかつて源頼朝が配流《はいる》された土地で、都から遠く離れた鄙びたイメージがありました。でも近年は、川端康成の『伊豆の踊子《おどりこ》』をはじめ、文学の舞台としても有名です。三島由紀夫さんも伊豆を愛した一人で、夏にはよく下田へ逗留《とうりゅう》されていたそうです。

下田は古風な町並みと漁師町の活気とがあって、いい町です。お盆には太鼓祭りというお祭りもあり、三島さんはこれを楽しみにしていたそうです。私も一、二度、見たことがありますけれど、迫力がありました。

それから、下田に行ったら埋もれた宝を探すつもりで、ぜひ立ち寄ってみたいのが、上原美術館です。セザンヌ、ルノアール、ユトリロ、シャガールなど、名画がいっぱいあって、小さいけれど雰囲気があって、いい美術館です。

テーマ曲『歌の旅びと』に秘めたスピリット

この本のベースになっている番組、「ラジオ深夜便」で「歌の旅びと」のテーマ曲を歌っている歌手の松原健之さんが、静岡県袋井市の出身です。リスナーの方からよく「松原さんの声はきれいですね」と、おたよりをいただきました。ただ、松原さんは澄んだ声なんですけれど、この歌ではやわらかく発声していて、耳に心地いい音になっている。作詞者として、いつも感謝しています。

この静岡の回のとき、番組に松原さんをお招きし、静岡のことをいろいろ尋ねました。収録時の対話をご紹介しましょう。

五木　ご出身の袋井はどんな町ですか。

松原　江戸の日本橋と京の三条大橋、そのどちらから数えても、東海道五十三次の二十七番目。東海道のど真ん中の宿場町です。お茶とマスクメロンが名産です。

五木　今日は静岡の話をしてまいりましたけれども、松原さんは県民としてどう思われましたか。

松原　静岡県民っていうと、ほのぼのしているのはいいけれど、ハングリー精神がないってよく言われるんです。ぼくは持っているつもりなんですけど……そんなふうに見えないんでしょうかね。先生、どうでしょう？

五木　松原さんも含めて、静岡の人たちはそういうスピリットは内に秘めて、外に出さないので、そう言われるのかもしれませんね。たとえば、北島三郎さんの北国を歌った『風雪ながれ旅』の歌詞のように、「鍋のコゲ飯　袂《たもと》でかくし」というのとは違って、静岡の人は食べ物で苦労しなくていいからじゃないでしょうか。気候も温暖で、農作物も豊かですからね（笑）。

さて、番組でいつも聴いていただいていた『歌の旅びと』は、じつは二番から始まっていました。ここでは、一番から通して紹介します。

歌の旅びと　　（作詞＝五木寛之　作曲＝松坂文宏）

地図にない町を探して旅にでる
なつかしい　あの店は
いまでもそのまま　あるだろうか

あの頃は　おたがいに若すぎて
それが愛だと　気づかないまま
季節《とき》は　流れた

あの店の　古い椅子にすわりたい
ガラスごしに　海を見ていた
きみに　また会いたくて

おもいでの歌をたずねて旅にでる
あの人は　あの歌を
いまでもおぼえて　いるだろうか
あの頃は　ふたりとも幼くて
明日の夢だけ語り続けて
朝になってた

もう一度　あの歌をうたいたい
笑いながら　いつも別れた

きみに　また会いたくて

あの店の　古い椅子にすわりたい
ガラスごしに　海を見ていた
きみに　また会いたくて
きみに　また会いたくて

愛知

ノーベル賞受賞者が生まれる県

愛知県は、織田信長、豊臣秀吉、徳川家康と、戦国時代の三英傑が生まれた地で、私は名古屋や岡崎など、あちこちを訪れています。

愛知県とか名古屋というと、機械工業、自動車、それからパチンコと、そういうものだけで見られがちですけれども、それだけじゃない、精神的、文化的にとても大きな位置を占める地域なんだ、ということを力説したいですね。

金の鯱《しゃちほこ》だけじゃない、ということです。

まず驚くのが、愛知県出身の、ノーベル賞受賞者の多さです。生理学医学賞の利根川進さん、物理学賞の小林誠さん、益川敏英さんが名古屋市、同じく物理学賞の小柴《こしば》昌俊さんが、豊橋市の出身です。

愛知県は科学も盛んですが、一方で文学的伝統も深いところです。私は父が国語と漢文の教師だったので、子どものころから詩吟に親しんでいたんですが、愛知県はそのころから、詩吟のたいへん盛んなところで、道場がいまでもたくさんあるんです。森春濤《もりしゅんとう》などの、優れた漢詩人も輩出しています。

文学だけでなく、音楽の世界でも、愛知県出身の歌手、作詞家、作曲家は多士済々です。愛知県出身の歌い手さんはといいますと、まず、ザ・ピーナッツ（常滑市《とこなめ》）。私が一九六四年にモスクワへ行ったとき、あるレストランに入ったんです。すると店のバンドが日本人が来たと知って、演奏を始めた。それがザ・ピーナッツの曲で、びっくりしました。聞いたら、ザ・ピーナッツ以前は、日本人が来たら『荒城の月』を演奏していたそうですが、当時はそれほど、ザ・ピーナッツの曲が世界に知られていたんですね。

ウナ・セラ・ディ東京　（作詞＝岩谷時子　作曲＝宮川泰《ひろし》）

哀《かな》しいことも　ないのになぜか
涙がにじむ
ウナ・セラ・ディ東京　ム……
いけない人じゃ　ないのにどうして

別れたのかしら
ウナ・セラ・ディ東京　ム……
あの人はもう　私のことを
忘れたかしら　とても淋《さび》しい
街はいつでも　後ろ姿の
幸せばかり
ウナ・セラ・ディ東京　ム……

ハーモニーの美しさを、ポピュラー音楽の中で知らしめたのがザ・ピーナッツ。モダンな感覚で、日本の歌謡曲の世界に、新風を吹き込んだ功労者です。

伝統にとらわれず、オリジナリティー創出の気風

文学の世界に目をやりますと、『人生劇場』の尾崎士郎が、現在の西尾市出身。またシェイクスピアの翻訳で名高い坪内逍遥《しょうよう》は、父が尾張藩士で名古屋育ちです。二葉亭四迷も愛知県に縁がありますが、父がやはり尾張藩士で、江戸の藩邸で生まれ、四歳の

とき名古屋に移ったようです。

彼の初めての小説『浮雲』は、言文一致体で、日本の近代小説の祖と言われていますが、ロシア文学を翻訳し、日本の文芸界に新風を吹き込んだ人でもあります。

それから、なんといっても、思い入れがあるのが、児童文学の新美南吉《にいみなんきち》。半田市の出身です。『ごん狐』は教科書に載っているので、ご存じの方も多いと思いますけれど、私は『手袋を買いに』という、キツネの親子の話が大好きで、繰り返し繰り返し読みました。地方で教師をし、夭折《ようせつ》した童話作家というところから、中京の宮沢賢治といわれる方です。多くの人に知ってもらいたい作家ですね。

現役の作家では、大沢在昌《おおさわありまさ》さんが名古屋市出身。『新宿鮫《しんじゅくざめ》』シリーズが大ヒットしました。最近ではミステリーやハードボイルドの枠を超えて、幅広く活躍されています。大沢オフィスという会社を立ち上げて、宮部みゆきさん、京極夏彦《きょうごくなつひこ》さんなど、気鋭の作家が傘下に集まっている大物です。

生前、私が個人的に親しくさせていただいていたのが、名古屋市出身の城山三郎さん。現役の作家ならば、『三国志』など、中国を舞台にした歴史小説で活躍していらっしゃる、宮城谷昌光《みやぎたにまさみつ》さん。蒲郡《がまごおり》市の方ですね。

建築家の黒川紀章さん、写真家の浅井愼平さん、加納典明さんも愛知県出身です。皆さん共通して、古い伝統にとらわれず、ご自分のオリジナリティーを打ち出されていましたね。とりわけ黒川さんは、『ホモ・モーベンス（動民）』（中公新書・一九六九年）の本にあるように、人間を生きて動いていくものととらえて家を設計する、新しい感覚の持ち主でした。

県民性については、愛知県には、尾張と三河の二つの文化圏があるといわれていて、どれが正しいとは一概にいえませんが、「善悪に関係なく、これと思ったらまっすぐに突き進むエネルギーにあふれている」というのは尾張。三河は、「愚直にして頑固に近い」「まじめで、約束したら実行する。ただし、主張にこだわって喧嘩《けんか》して命を失うものもいる」とする説があるそうです。

家康以前から一向宗の信徒が多く、三河門徒といって、教えに忠実で、頑固なところがありました。旧藩時代の気風が残っているところも多いですから、これが愛知の県民性と、一口にくくれない部分もあると思います。

舟木一夫さんが、一宮市の出身ですが、舟木さんといえば、なんといっても『高校三年生』。一つの時代を画したヒットソングでした。

高校三年生　　（作詞＝丘灯至夫　作曲＝遠藤　実《みのる》）

赤い夕陽が　校舎をそめて

ニレの木陰に　弾む声
ああ　高校三年生　ぼくら
離れ離れに　なろうとも
クラス仲間は　いつまでも

泣いた日もある　怨《うら》んだことも
思い出すだろ　なつかしく
ああ　高校三年生　ぼくら
フォーク・ダンスの　手をとれば
甘く匂うよ　黒髪が

世界のトヨタの企業城下町

愛知県とくれば、世界のトヨタを語らないわけにはいきません。本拠地の豊田市は、もともと挙母《ころも》市という名前でしたが、トヨタ自動車の本社が置かれ、その発展にともない、一九五九（昭和三十四）年に「豊田」になりました。二〇一三年にはグループ企業を合わせ、世界で初めて自動車年間生産台数が一千万台を超えました。

私も何度かお招きいただいたので行きましたが、病院から何から、町全体がトヨタという、一つの大家族のように統一されて、企業城下町という印象でした。

創業家は自動織機を発明した豊田佐吉で、「とよだ」と読むんです。そこから発展して、世界のトヨタになったわけですが、昔から「尾張の商法」というものがあったそうです。

尾張藩では、藩士に「職芸」、余暇を利用しての副業を推奨していたそうです。武士の副業というと、貧乏士族の傘張りみたいなイメージですが、いまでいうハンドクラフト、工芸技術を、武士階級が積極的に開発したということでしょうか。そういう背景があったからこそ、近現代になって、いろいろな工業が盛んになったのかもしれません。自動車だけではなく、ロボット生産も日本一だそうですし。

名古屋の周辺では、焼き物、陶芸も盛んで、土の質がいいという説があります。瀬戸焼や常滑焼と、よい土がなければ、産業は興《おこ》らなかったでしょうから。

お茶では、西尾茶という、抹茶に使われるものが全国一位だそうです。刷毛《はけ》も、日本のシェアの六十パーセントを占めています。それから、お寺の木魚を、日本で手作りしているのは、一宮市とその周辺だけだそうです。ちょっと意外ですが、金魚の名産地でもあるんです。とくに弥富《やとみ》市は、全品種の揃《そろ》う流通拠点でもあります。

音楽の話に戻りますと、ご当地出身の歌の作り手も多いです。作詞家の山口洋子さんは、作家としても数多くの作品がありますが、作詞では『よこはま・たそがれ』など、傑作がたくさんあります。作家としても直木賞を受賞され、才能豊かな方でした。
また、作詞家の竜真知子さんとか、豊橋市出身の馬飼野《まかいの》俊一さん・康二さんの作曲家兄弟がいらっしゃいます。歌手ではチェリッシュ。夫の松崎好孝さんが名古屋市、妻の悦子さんが春日井市の出身です。チェリッシュは『白いギター』が有名ですが、私の『四季・奈津子』の映画の、主題歌を歌ってくれたこともあります。

白いギター　（作詞＝林春生《はるお》　作曲＝馬飼野俊一）

白いギターに　変えたのは
何か理由《わけ》でも　あるのでしょうか
この頃とても　気になるの
あなたの身辺《まわり》の　小さな事が
愛しあう二人には
恋の予感が嬉しくて
花を摘む草原に

秋の陽ざしがまぶしくて

御園座にみる、文化を守る心意気

歌手はまだまだおられます。ピンキーとキラーズの今陽子さんが、現在の東海市、八神純子さんが、名古屋市の出身です。八神さんは現在、アメリカ在住で、日米を行ったり来たりして活動なさっています。ヒット曲の『みずいろの雨』は、私も大好きでした。

みずいろの雨　　　（作詞＝三浦徳子　作曲＝八神純子）

ああ　みずいろの雨
私の肩を抱いて　包んで降りつづくの……
ああ　くずれてしまえ
あとかたもなく流されて行く　愛のかたち
やさしいひとね　あなたってひとは
見ないふりしていたの　私のあやまち

ひとときの気まぐれ　通りすぎるまで
忘れてよ　忘れてよ　愛したことなど

ああ　みずいろの雨
私の肩を抱いて　包んで降りつづくの……
ああ　忘れてしまえ
あとかたもなく流されて行く　愛のかたち

名古屋には、食べ物の名物がいろいろあります。ウナギのひつまぶし、きしめん、エビフライに鶏手羽の唐揚げ、八丁味噌《はっちょうみそ》をカツに合わせた味噌カツとか……。おいしそうな食べ物がいっぱいあり、どれもユニークなところが愛知らしい。

名古屋には御園座《みその》という、由緒ある劇場があります。東京の歌舞伎座、明治座に当たるような存在で、御園座で上演して成功すれば、全国で成功するといわれています。もともと御園座は、名古屋の財界有志が設立したそうで、文化を守ろうという心が強い土地なのかもしれません。愛知県人の愛郷心ですね。中日新聞、中日ドラゴンズなど、地元で圧倒的なネームバリューと、実力を備えたものも多いですね。

はじめに、戦国の三英傑のお話をしましたけれど、やはり、時代を変える力を持った土地柄なのかもしれません。伝統にとらわれずに、新しい物を作り出していく先進性に富んでいますね。

愛知県というと、名古屋の贅沢《ぜいたく》な嫁入りとか、金の鯱とか、派手なイメージが頭に浮かびます。しかし、その一方で質素で実利的な面を、しっかり備えているのも特徴だと思います。

進取の気性と併せて、名古屋市、愛知県は、これからも日本を引っ張っていく、大きな存在になるだろうと思います。

岐阜

「日本のへそ」「飛山濃水」の地

岐阜県にはご縁があって、年に二回は行っています。雑誌記者をしていた時代から五十年以上になりますから、それこそ百回以上になります。そういうわけで、岐阜の古い姿、最近の姿の両方を、見たり聞いたりしてきました。

岐阜は、北東部に三千メートル級の槍《やり》ヶ岳、穂高岳、乗鞍《のりくら》岳が聳《そび》える飛騨《ひだ》山脈が連なり、美濃《みの》には木曽《きそ》川、長良《ながら》川、揖斐《いび》川と有名な川が流れています。飛騨の山と美濃の水から、「飛山濃水《ひざんのうすい》」という言葉があるそうで、まさに山紫水明ですね。鉄道で走っていると川があり、山が左右に迫り、夕方などは「これが日本の景色だろうか」と思うぐらい雄大です。

日本列島のほぼ真ん中に位置し、人口分布から見ても中央に当たるそうで、「日本のへそ」です。また、「天下盗《と》りの場」とも言われ、歴史の舞台でもありました。古くは壬申《じんしん》の乱（六七二年）や関ヶ原の戦い（一六〇〇年）など、天下分け目の激戦の地でした。

長良川沿いに遡《さかのぼ》っていくと、右側に金華山《きんか》が見えてきます。その上にある岐阜城は、織田信長が稲葉山城を国主の斎藤氏から奪い取り、新たに造営し、名を改めたお城です。その対岸にホテルが建ち並んでいて、その一つで毎年催されるセミナーに、私も講師として呼ばれるんです。金華山が近づくと、「今年も来たな」という感じがします。

岐阜にちなんだ歌も多い。五木ひろしさんの『長良川艶歌』や竜鉄也さんの『奥飛騨慕情』などは、岐阜の景色を歌い込んで一世を風靡しました。しかし、意外性があるのが、山口百恵《ももえ》さんが歌った『飛騨の吊《つ》り橋』という曲です。

飛騨の吊り橋　（作詞＝松本隆　作曲＝岸田智史《さとし》）

吊り橋を誰か渡る
淋《さみ》しい音が夜をふるわせる
あの人も橋を渡り
街に行って戻らないの

飛騨の山は静か　今年も大雪よ
便りも途切れたの　忘れてしまったの
街の女性《ひと》はきれいでしょう　この私より

しっとりして、しみじみとしたいい歌ですね。

岐阜は、観光地として知られている場所も多くあります。たとえば高山には、外国の方も含め、たくさんの観光客が集まっていると聞きます。なぜか〝小京都〟というイメージが定着していますが、高山には高山の魅力があるんですから、わざわざ小京都を売りにする必要はないと思います。高山祭のみごとな山車《だし》、飛騨牛、朴葉《ほおば》焼きや五平餅も楽しみです。世界文化遺産になっている白川郷は、合掌造りの家が素晴らしい。博物館みたいにしてしまうのではなく、実際に住んでいらっしゃるというのがいいですね。

うだつ（屋根の両端にある防火壁）の町と言われている美濃市や、飛騨古川の和ろうそくなども有名で、美濃和紙は経済産業省の、伝統的工芸品に認定されています。うだつは金沢や徳島県美馬《みま》市など、他県にも有名なところがありますし、和紙もお国自慢のところが多いですが、豊かな水があって山がないとできません。

岐阜というと、長良川の鵜飼《うか》いが有名ですが、鵜匠は世襲制で、誰でもなれるわけではない。連綿と受け継がれてきた伝統技術なんですね。

「文化の大垣」や「郡上おどり」に現れた四民平等の精神

土地に埋もれている文化や伝説を掘り起こすと、地元の方でも驚かれるようなことがいっぱいあります。今回調べてびっくりしたのは、大垣が、江戸時代、日本でいちばん寺子屋の数が多く、「文化の大垣」と言われていたことです。

一つの国には二つの町があって、一方が政治・経済、もう一方が歴史・文化を担った例が少なからずあります。たとえば青森県では、政治経済の中心・青森という町に対して文化の中心・弘前《ひろさき》があり、富山県には富山と高岡があります。岐阜県でも、岐阜に対して大垣が学問の町だったんでしょうね。

江戸時代末期、大垣では武士、農民、職人、商人の子弟が一緒に学び、女子も入門を許されていたそうです。あの時代にしては珍しいことです。その背景には、ひょっとしたら浄土真宗（真宗）の影響があるのかもしれません。昔から美濃は親鸞と縁があり、お寺も多く、真宗が広まった地です。

真宗は「講」という組織があり、四民平等という雰囲気が昔から濃いんです。学問の場で身分を問わなかったのは、その影響だと思います。

日本三大盆踊りの一つ、郡上八幡《ぐじょうはちまん》の郡上おどりも、身分を問わず、多くの人々が一緒になって踊る伝統があったとのことです。藩主が四民融和のために奨励したそうですが、「講」の存在とも関係しているんでしょうか。盆踊りは、平安時代の浄土宗の念仏踊りから起こったものと言われていて、郡上おどりにもその流れがあるのは、間違いありません。私も観に行ったことがありますが、「春駒」などはテンポがあっていいです。夜を徹して踊るパワーに、圧倒されました。

戦前〜戦後に活躍した作曲家・江口夜詩

作曲家では、江口夜詩《よし》さんが現・大垣市の出身です。戦前から戦後にかけて活躍され、古賀政男さんと双璧をなす大作曲家です。戦争中も、ずいぶん戦意高揚歌を作っているんです。『月月火水木金金』なんて、私もよく歌ったものです。要するに、海軍には休みがない。土曜も日曜もなく、一日も休まず鍛錬に励めということです。

江口さんに限らず、あのころはだれもが〝聖戦完遂〟の名の下に、協力せざるをえなかったんです。芸術の世界でも、洋画家の藤田嗣治《つぐはる》さんなどの戦争画がそうでした。江口さんは、そういうくびきが外れた戦後、『憧れのハワイ航路』などの大ヒット曲を次々に出していくんですね。『長崎のザボン売り』もそうです。私は、春日八郎さんの『赤いランプの終列車』を、昔、福岡の映画館で行われた、春日さんの公演で聴いたのですが、とても好きな歌です。

赤いランプの終列車　（作詞＝大倉芳郎　作曲＝江口夜詩）

白い夜霧の　あかりに濡《ぬ》れて
別れせつない　プラットホーム
ベルが鳴る　ベルが鳴る
さらばと告げて　手を振る君は
赤いランプの　終列車

蒸気機関車で、特急でも福岡から東京まで二十四時間以上かかった時代で、この歌を聴くとあのころを思い出します。

逍遥・藤村から最年少の直木賞受賞者まで

美濃からは、円空仏を彫った円空さんが出て、日本各地に、あの素朴な味わいの仏の彫り物を残しています。彫ることが祈りであり、修行であるという僧でしたね。

作家では、シェイクスピアの翻訳で知られる坪内逍遥が現・美濃加茂市《みのかも》、島崎藤村《とうそん》が現・中津川市出身です。藤村は、生地の中山道馬籠宿《まごめ》を舞台に、『夜明け前』という大長編を書いていますね。馬籠宿は三回ほど行きましたけれど、木造のポストを置くなど、往時の雰囲気を残すように努めています。しっとりと落ち着いた町並みで、試みは成功していると思います。

『キューポラのある街』を書かれた、早船ちよさんが飛騨市、デザイナーの山本寛斎《かんさい》さん、現代アートの日比野克彦《かつひこ》さんが岐阜市の出身です。二〇一三年『何者』で直木賞を受賞した朝井リョウさんもいますね。不破《ふわ》郡出身の平成生まれで、男性受賞者では最年少とのことです。彼が『桐島、部活やめるってよ』で、小説すばる新人賞をとったとき(二〇〇九年)、私は、朝井さんを推した選考委員の一人でした。石原慎太郎さんのデビュー当時を彷彿《ほうふつ》させるように、若く颯爽《さっそう》としていて、今後、大成を期待する新人です。

岐阜県が主体となって作った、織部賞という賞がありまして、戦国時代の武将にして、茶人でもあった古田織部にちなんで、創造的な活動をした方に贈られますが、その知事賞を受賞した土取利行《つちとりとしゆき》さんという音楽家がいらっしゃいます。世界的に有名なイギリスの演出家、ピーター・ブルックの舞台音楽を担当するなど、演劇音楽の第一人者と言われています。私の戯曲『蓮如《れんにょ》』を上演したとき、土取さんに音楽をお願いして、非常にすばらしい舞台になりました。郡上八幡に立光学舎《りゅうこうがくしゃ》というスタジオを構え、そこを拠点に活動されています。

日本三大桜の一つ「淡墨桜」

桜といえば、日本三大桜の一つ、本巣《もとす》市根尾の淡墨《うすずみ》桜を思い出します。「三大巨桜」とも言います。桜の寿命は六十年から七十年ぐらいですが、根尾の淡墨桜は、千五百年を超すと言われているようです。蕾《つぼみ》は薄紅色で、満開になると白、散るときには薄墨色を帯びて、花の散り際まで色の変化が楽しめるそうなんです。継体天皇（六世紀前半に在位したとされる）お手植えの桜という説もあり、枯れそうになったのを、地元の方たちが苦労して世話してきたそうです。私も一度は見たいと思いながら、まだ実現していません。

私事で恐縮ですが、私は作詞の仕事をプロとして始めて、先年、五十年の節目を迎えたときに、これまで書いた歌の中から気に入っているものを集めて、『流れゆく歌』（日本コロムビア）というアルバムを作りました。新曲を一つ入れてほしいと言われて書いたのが、『薄墨の桜』という曲なんです。ＮＨＫの「紅白歌合戦」にも出場した、中村中《あたる》さんが作曲してくれましてね。歌はプロの歌い手さんではなく、曲のイメージに合った人を探してもらって、アルバムの最後に入れました。

薄墨の桜　（作詞＝五木寛之　作曲＝中村中）

薄墨の　桜のことを
くりかえし君は　話してくれた
いつか二人で　見ようと言った
桜の下に　独りでいます

はらはらと　風に散る
色のない　花びら
ゆらゆらと　揺れながら
音もなく　季節《とき》は逝《ゆ》き

歌は、冴木彩乃《さえきあやの》さんに歌っていただきました。編集のお仕事をされている方です。この歌の味わいは、プロでは出ないような気がしたのです。

岐阜県のごく一部でしたが、歴史や風土を知ると、いっそう親しみがわきますね。

関東一円を訪ねて

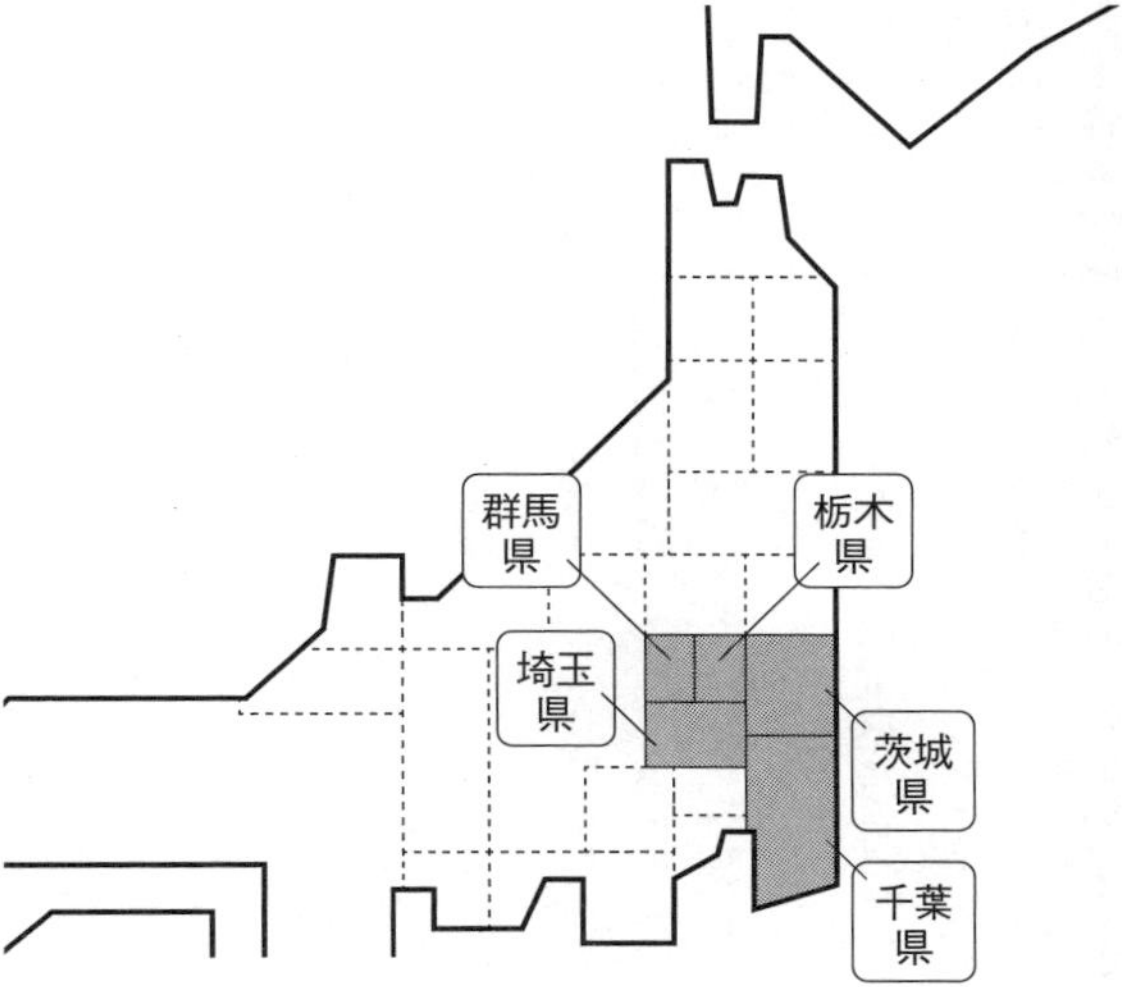

千　葉

永井荷風の住んでいた街

私は、二十代半ばのころ、昭和三十年代初めの何年かになりますが、千葉県市川市の北方《ほっけ》町に暮らしていました。アルバイトをしながら、地元の図書館に通って本を読み、創作の真似事《まねごと》をしたりしていました。妹もいま、市川市に住んでいますので、千葉県とはけっこうご縁が深いのです。

当時、市川には作家・永井荷風さんが住んでおられて、毎日のように電車に乗って浅草に通っているという話だったんです。で、どこかで会えないかなと思っていたら、ある日、荷風さんが駅のホームのベンチに腰掛けていたんです。感激しました。

永井荷風さんの作品『断腸亭日乗《にちじょう》』『濹東綺譚《ぼくとうきだん》』などは、いまでも読まれていますが、江戸文学にも外国文学にも造詣が深く、文化勲章まで受けた大文豪です。しかし晩年は文化人との付き合いを避けて、浅草の踊り子たちとの交流を日課としていた。そして最後は一人寂しく、市川で亡くなったのです。

当時の私はといえば、国電の本八幡《もとやわた》駅から北方町のアパートまで、トコトコ歩いていたんですが、通り道は一面に大根畑が広がる、なんとも鄙びた風景でした。現在の市川はビルが林立して、そんな面影は全くないですね。

中山競馬場も近いのですが、当時は競馬開催中でも、そんなに人が来ませんでした。春ともなると、レース場の向こう正面の桜が咲き揃《そろ》って、スタンドには三分の一ぐらいのお客さんしか入っていなかったでしょうか。春の陽を浴びてうとうとしながら、馬が走るのを眺めているのは、幸せな気分でした。

いま、ＪＲ総武線に乗って市川の先へいくと、埋立地もあるし、イベント会場として有名な千葉市の幕張メッセもありと、ずいぶん発展しましたね。幕張メッセで講演をしたことがあるんですが、ビルがずらっと並んで、目の回るほどの近未来的な空間です。

いまは東京のベッドタウンですが、昔は海水浴とか、潮干狩りが楽しめた所でした。夏目漱石が学生だった一八八九（明治二十二）年、友人と一緒に房総地方を旅行して、『木屑録《ぼくせつろく》』という漢詩文の紀行を書いているんです。正岡子規がそれを読んで感動したそうですが、あの時代の東京の学生にとって、房総への旅は、ちょっとした憧れだったみたいですね。

千葉最高峰の愛宕山《あたご》（南房総市）でさえも、標高が四百八メートルちょっとで、おおむね平坦《へいたん》で、住むことのできる面積の広い県です。かつて南房総の海岸沿いに住宅街ができたとき、気候も眺めもいい、「日本のリビエラ」だと宣伝されたりしました。

千葉県ゆかりの歌手、木更津《きさらづ》市出身の岡晴夫さんは、戦後の典型的な花形流行歌手です。黒髪をポマードで撫《な》でつけたリーゼントヘアーで、きざと言えばきざなんですけれど、艶《つや》のある声で『憧れのハワイ航路』や『啼《な》くな小鳩《こばと》よ』など、戦後のヒット曲を次々に出した大スターでした。みんな「おかっぱる」って呼んでいましたよ。

岡晴夫さんが歌っていた『逢《あ》いたかったぜ』という歌があります。

逢いたかったぜ　　　（作詞＝石本美由起　作曲＝上原げんと）

逢いたかったぜ　三年ぶりに
逢えてうれしや
呑《の》もうじゃないか
昔なじみの　昔なじみの
お前と俺さ
男同志で　酒くみ交わす

町の場末の……　縄のれん

岡晴夫は、頭のてっぺんから出るような声で歌うことが多いんですが、これは珍しく、しっとりした声で歌い込んでいます。石本美由起と上原げんと、というゴールデンコンビによる懐かしい曲です。

聖と俗の成田山詣と国際空港

千葉県には、さきの幕張メッセをはじめ、東京ディズニーランドや鴨川《かもがわ》シーワールドなど、観光施設がたくさんあります。

江戸時代、庶民がそんなに自由に旅行ができなかったころでも、神社仏閣に詣でることは、比較的簡単に許可されていたんです。「○○講」という組織を作って、貯金をして旅行をすることが盛んでした。成田山新勝寺などは、江戸から近かったせいもあって、ずいぶん参詣者が多かったそうです。成田山は、いまでも初詣には、ものすごい人出になるところです。

日本の寺社詣には、聖と俗の二面があって、まずは身を清めて神様仏様にお参りする。そして帰りがけに、精進落しと称して、門前の歓楽街でたっぷり遊ぶ。これがワンセットなんですね。だから成田山詣も、帰りに船橋あたりで精進落しをして帰ってくる、これが江戸の庶民の楽しみでした。

成田山のお祭りが、またすごく賑《にぎ》やかなんです。門前町を神輿《みこし》が通るとき、二階、三階の窓から竹竿《たけざお》の先に千円札、一万円札を挟んで差し出すんです。神輿の上に乗っているお兄さんが、「ありがとよ」って受け取ると、そこでお囃子が盛り上がる。そんなおもしろい光景を見たことがあります。

成田山の裏のほうには、占い横丁というのがあって、姓名判断とか、占いをなさる方たちが、軒を連ねている一画もあって、これも非常におもしろいですね。

一方で、成田山のお寺の方たちには、クラシック音楽に精通した方もいて、合唱団を組織したり、海外からオペラ歌手を招いたりすることもあると聞きました。

また、成田には、登呂《とろ》遺跡の発掘調査で有名な考古学者の大塚初重先生がいらして、私は親しくさせていただきましたが、お話を伺ったり、ご本を拝見すると、成田という町の成り立ち、歴史、伝統について、さらに知識が深まり、興味の尽きないところです。

そんな成田は、国際空港もあって、外国からの玄関口の一つです。

千葉からは、古くは国木田独歩（銚子市）、『野菊の墓』の伊藤左千夫（現・山武市）、最近ですと椎名《しいな》誠（千葉市育ち）、中野孝次（市川市）をはじめ、多くの作家が出ています。中野さんは作家であり、評論家でもありますが、著書の題名から「清貧の思想」

という言葉が、一時期たいへんはやりましたね。
歌手の鹿内《しかうち》孝さんが、市川市の出身です。アメリカに音楽留学されたこともあります。ヒット曲に『本牧《ほんもく》メルヘン』があります。

本牧メルヘン　（作詞＝阿久悠　作曲＝井上忠夫）

本牧で死んだ娘《こ》は　鷗《かもめ》になったよ
ペットのブルースに　送られて
踊るのが大好きと言ってた　あの娘が
さびしさに耐えかねて　死んだのさ

ジョニーもスミスも　泣くのを忘れて
海鳴りに向かって　歌っていたよ
本牧で死んだ娘は　鷗になったよ
なぜかしら誰でもが　そう思う

御宿ゆかりの歌『月の沙漠』

千葉は東京という大消費地に隣接し、農業も盛んですし、漁業総生産量も全国上位です。銚子や野田の醬油《しょうゆ》醸造は、江戸時代から歴史があります。いま私が住んでいる横浜から千葉を見ると、東京湾アクアラインが開通したせいか、なぜか非常に近しく感じます。東京湾を挟んだ対岸で、沿岸部として共通する部分があるのかもしれません。千葉の県民性は、楽天的でおおらか、穏和な人柄といわれることが多いですね。黒潮に乗って、海から南国の文化が流れてきたという話もあり、和歌山南紀地方と、似た雰囲気があるかもしれません。

誰もが知っている童謡『月の沙漠《さばく》』は、アラビア半島かなにかを想像しがちですけれど、じつは、千葉県の外房・御宿《おんじゆく》ゆかりの歌だそうです。作詞家の加藤まさをさんが、御宿の砂浜で着想を得て書いたそうです。これぞ大正ロマンという感じがする歌ですね。御宿には「月の沙漠記念館」があり、ラクダに乗っている人のオブジェが、展示されているそうです。砂浜から沙漠へ変わったのがおもしろいですね。一度行ってみたいものです。

月の沙漠　（作詞＝加藤まさを　作曲＝佐々木すぐる）

月の沙漠を　はるばると
旅の駱駝《らくだ》が　ゆきました
金と銀との　鞍《くら》置いて
二つならんで　ゆきました

金の鞍には　銀の甕《かめ》
銀の鞍には　金の甕
二つの甕は　それぞれに
紐《ひも》で結んで　ありました

千葉県民の天性の明るさ

作曲家の弦哲也さんが、銚子市の出身です。弦さんは、いまの日本の歌謡曲の、第一人者と言ってもいいくらいの作曲家です。ご自身も歌がうまくて、歌い手さんが、歌いづらいだろうと思うときもあるくらいです。

名曲『天城越え』をはじめ、膨大な数をお作りになっています。昔、弦さんが若く、まだそんなに有名でないころ、八代亜紀さんの歌を一緒に作ったことがあるんですが、彼がギターを爪弾《つまび》きながら、ああしようか、こうしようか、と相談しながら作ったものです。楽しい思い出ですね。その後、ご縁があって、「深夜便のうた」も弦さんと作りました。

二人のコンビで作った「深夜便のうた」は、『夜明けのメロディー』（ペギー葉山）と『夜のララバイ』（藤田まこと）の二曲です。藤田まことさんが歌って下さった『夜のララバイ』のほうをご紹介します。

夜のララバイ　（作詞＝五木寛之　作曲＝弦哲也）

優しいと　いう字を
人を憂うと　読んでみる
いつも　そのこと　思うたび
つらい気持ちに　なってます
優しいだけでは　生きられず

つよくなるだけ　こころがさむい
だからせめて　こんな夜は
あかりを消して
ひとりで　うたう　子守歌

あらためて思うんですが、藤田まことさんがお亡くなりになったのは、本当に残念です。俳優としてもすばらしい方でしたけれど、歌もうまい。鶴田浩二とか高倉健、石原裕次郎もそうですが、俳優さんで個性的な方たちって、歌もほんとうに上手ですね。弦哲也さんは、千葉県民の明るさというか、思ったことは何でも言う屈託のなさ、ストレートさが、作風にも表れた作曲家だと思います。名を成すまでは、ご苦労がいろいろあったと聞いていますが、それを感じさせない伸びやかさがある。そこが弦さんの魅力だと思います。

千葉出身の有名人では、この方は外せません。佐倉市出身の読売ジャイアンツ終身名誉監督、長嶋茂雄さんです。長嶋さんは、戦後日本の代表的なスターですね。

歴史を遡《さかのぼ》りますと、江戸時代、十七年かけて全国を測量し、『大日本沿海輿地《よち》全図』を完成させた伊能忠敬《ただたか》が、現在の九十九里町出身です。また、日蓮《にちれん》上人が現在の鴨川市のお生まれで、小湊《こみなと》の生家跡に建てられた誕生寺があります。小江戸と言われる佐原

（現・香取市）には、江戸時代の建物が多く残っているそうです。

灯台下暗しといいますか、千葉とか埼玉とか、自分の住んでいる所から近いと、かえって盲点になりやすいこともあります。

私自身、一カ所に長く住んだことがあまりないのですが、とはいえ、これまで住んだ場所に思い入れがない、というわけではありません。不思議なことに、住んだ期間が短くても、むしろ短いからこそ、かえって思いが深いこともある。

千葉の市川も、私にとってそんな場所です。小さいけれど、だいじなふるさとの一つという感じなのです。

埼　玉

「埼玉都民」が愛でるサクラソウの花

かなり昔の話ですが、埼玉県から『埼玉県子どもの歌』という歌の、作詞の依頼を受けたことがあります。「荒川の流れ」、「サクラソウ」、「秩父《ちちぶ》の山並み」を、詞に盛り込んでほしいというご注文でした。なぜサクラソウかと言えば、田島ヶ原（さいたま市桜区）に、国の特別天然記念物に指定されたサクラソウの自生地があるからなのです。昔は荒川沿いにたくさんサクラソウが咲いていたそうですが、いまは、ほぼ全滅しているそうなんです。

大変苦労して作った記憶がありますけど、いまその歌が、どこに残っているのか、わからなくなっています。

埼玉県は東京の北隣にあり、東京都のベッドタウン化が大幅に進み、「埼玉都民」という表現もあるくらいです。ご自分が埼玉県民という実感の薄い住民の方もおられるようです。

今回あらためて地図を見てびっくりしたんですが、埼玉はじつに広く、奥深い。ここも埼玉だったのかと、びっくりするようなところがありました。とても広いので、県民としての実感がわきづらいのかもしれません。

歴史的には、巨大古墳の埼玉《さきたま》古墳群があったり、鉱物の資源も豊富な土地だったようです。古代には、大陸からの渡来人の技術者が大挙して関東にやって来た。そういう歴史があります。埼玉で盛んだった鋳物など、金属関係の産業の基盤も、遡れば秩父から出土した「和同開珎《わどうかいちん》」以来の伝統です。

鋳物といえば川口市。吉永小百合さんの映画『キューポラのある街』を思い出します。キューポラ（鉄の溶解炉）が多くみられた川口を舞台にした青春ドラマです。でもいまは工場も減り、おしゃれなお店がいっぱいできて、昔の印象はありません。とはいえその一方で、埼玉のあちこちには、豊かな自然がまだまだ残っています。アニメ『となりのトトロ』に登場する「トトロの森」は、狭山《さやま》丘陵の森がモデルといわれています。

『秩父音頭』の一節を加えた『秩父恋しや』

埼玉県は、長い歴史の中で、いろんな文化を取り込んできている土地で、とりわけ秩父は反骨精神旺盛な独特の場所です。

明治時代の中ごろ、庶民の生活が困窮し、団結して抗議運動に立ち上がった、秩父困民党の事件は有名です。明治のころの似た事件には、隠岐島《おきのしま》の人たちが反乱を起こして、一時自治政治をしいた「隠岐騒動」があります。秩父もそういう民衆参加の政治思想の、一翼を担っていたのかもしれません。

秩父と言えば、私は昔、ＮＨＫで『秩父恋しや』という歌を書きました。歌詞にご当地ゆかりのものを何か入れようと、『秩父音頭』の一節を加えました。この一節が詩情のあるいい歌詞で、ふと思い出すところでは、「秋蚕《あきご》しもうて麦まき終えて　秩父夜祭待つばかり」なんて、すごくいい詞でした。

この『秩父音頭』には、おもしろいエピソードがあるんです。地元に古くから伝わっていた元歌の歌詞が、まあ一口に言えば猥雑《わいざつ》で、とても全国に広められる歌ではなかった。それを埼玉在住の医師で俳人の、金子元春という方が書き直したのが、さきほどご紹介した現在の『秩父音頭』になったのです。

そしてその方のご子息が、最近亡くなられた現代俳句の巨人・金子兜太《とうた》さんで、その句風は、埼玉のエネルギーに溢《あふ》れ、どちらかと言うと、『秩父音頭』の元歌のほうに近いかもしれません。

私が作詞した『秩父恋しや』のほうですが、ラジオで放送されたとき、歌ったのは、当時まだ無名だった北島三郎さんだったんです。ずいぶん後に会ったとき、そのお話をしたら、「そんなことがありましたか……」と首をひねっておられた。ご本人はとうに忘れていらっしゃったんですねえ。

さいたま市浦和区の出身の、日吉ミミさんが『男と女のお話』を歌っていますが、声が個性的で、一度聴いたら忘れることができない歌手です。

男と女のお話　　　（作詞＝久仁《くに》京介　作曲＝水島正和）

恋人にふられたの
よくある話じゃないか
世の中かわって　いるんだよ
人の心も　かわるのさ
淋《さび》しいならこの僕が
つきあってあげてもいいよ
涙なんかを　みせるなよ

恋はおしゃれな　ゲームだよ

江戸の風情を残した「小江戸」

県庁所在地の「さいたま市」は、全国でも珍しい、ひらがなの市名です。かつての大宮、浦和、与野の三市が合併してできた市です。埼玉県は市の数が日本でいちばん多く、四十あります。

特徴のある市を挙げてみますと、鋳物の川口。岩槻《いわつき》は人形の生産が日本一。行田市の足袋は、一時は国内生産の八割を占めていました（現在は二位）。

深谷ネギなど、農産物の名品も頑張っています。トロッとしておいしいネギです。ホウレンソウ、サトイモ、コマツナ、パンジーなどの生産高が日本一。そういえば埼玉の食べ物は身近で懐かしいものが多いような気がします。

草加せんべいとかサツマイモの菓子、入間《いるま》郡の武蔵野うどん。東松山の「焼き鳥」は鶏でなく、豚のかしらを焼いたものです。

さいたま市のうなぎ料理も有名です。庶民的で、気取った感じがしないのが、埼玉の流儀と見受けられますね。

観光名所なら、まず川越。江戸の風情を残した「小江戸」として大人気です。マスコミの力もあるでしょうが、いまや埼玉を代表する観光地になりました。整備された町並みの中に、火の見櫓《やぐら》や、江戸時代のような造りの駄菓子屋さんなどがあって、なかなか風情があります。

大正から昭和にかけて、本の装丁や、新派劇の舞台美術で活躍した、小村雪岱《こむらせったい》という人がいました。雪岱の描く江戸の風景は、とても詳しく、しかも美しくて有名でした。そんな作風ですから、てっきり江戸っ子だと思われていました。ところが、じつは川越生まれの東京育ち、東京美術学校（後の東京藝術大学）で、日本画の修業をした人と知れました。

川越は江戸・東京の文化圏だったんです。川越街道で江戸と結ばれていましたし、川筋も整備され、舟運が盛んでした。江戸の庶民もサクラソウを見に、川越への途上にある、田島ヶ原に来ていたそうです。

美人画で一世を風靡した喜多川歌麿《うたまろ》も、川越出身という説があります。川越にはそうした優れた画家を育む、なにか美術的な空気があるのでしょうか。

埼玉ゆかりの歌手といえば、朝霞《あさか》市出身の尾崎豊さん。若者の心情に激しく訴えかける歌で一世を風靡し、一九九二（平成四）年に二十六歳の若さで亡くなりました。

I LOVE YOU　（作詞・作曲＝尾崎豊）

I love you　今だけは悲しい歌聞きたくないよ
I love you　逃れ逃れ辿《たど》り着いたこの部屋
何もかも許された恋じゃないから
二人はまるで捨て猫みたい
この部屋は落葉に埋《う》もれた空き箱みたい
だからおまえは小猫の様な泣き声で
きしむベッドの上で　優しさを持ちより
きつく躰《からだ》抱きしめあえば
それからまた二人は目を閉じるよ
悲しい歌に愛がしらけてしまわぬ様に

多士済々の人材を輩出してきた土地

観光地や名産はともかく、埼玉の最大の産物は、じつは「人」なんです。人口も七百二十万人近く、東京、神奈川、大阪、愛知に次いで、全国五位。人口が多いから、というわけではないでしょうが、何となく人のエネルギーを感じます。

実際調べてみると、本当に多彩な人材を輩出している県です。まず、所ジョージさん。所沢市出身だから、「所」という芸名にしたのでしょう。芸能人だけでも、個性的な方がたくさんいます。藤原竜也《たつや》さん、反町隆史《そりまちたかし》さん、的場浩司《こうじ》さん、本木雅弘さん、爆笑問題の太田光さん。女優では荻野目慶子さん、菅野美穂さん、菊川怜《れい》さん、釈由美子さん、和久井映見《えみ》さんと、美人どころです。

財界人では、渋沢栄一（現・深谷市出身）。明治時代に第一国立銀行の設立をはじめ、日本経済の基礎を作り上げた大立者です。

作家では森村誠一さん、児童文学の石井桃子さん。いま超売れっ子で、一日一冊本を出していると言われる佐藤優さんも埼玉。エッセイストの吉永みち子さん、鉄道紀行文学の宮脇俊三さん。他の分野でも、宇宙飛行士の若田光一さん、将棋の羽生《はぶ》善治さん、ゴルフの樋口久子さん……。

私と縁の深い歌い手さんでは、冠二郎さんが、秩父市出身です。冠さんがまだ無名のころ、私が書いたテレビドラマで、影唄（挿入歌）を歌ってくれたんです。誠実な人柄で、実直で素朴、熱心な歌い手さんでした。

でも当時、影唄の歌手は、いくら上手でも、決して表に出られない存在だったんです。

その後『旅の終りに』を書いたとき、いろんな歌手が候補に挙がったんですが、あのときの歌声を思い出して、「ぜひ、あのときの影唄を歌ってくださった方に」と私がお願いしたのです。冠二郎さんの『旅の終りに』。作詞の立原岬《たちはらみさき》は私のペンネームです。

旅の終りに　　（作詞＝立原岬　作曲＝菊池俊輔《しゅんすけ》）

流れ流れて　さすらう旅は
きょうは函館　あしたは釧路
希望も恋も　忘れた俺の
肩につめたい　夜の雨

旅の終りに　みつけた夢は
北の港の　ちいさな酒場
暗い灯影《ほかげ》に　肩寄せあって
歌う故郷の　子守唄

ナウマンと日本地質学発祥の地

埼玉県は、自転車保有台数が日本一。豆知識ですが、保健所が初めて設置されたのも埼玉、また、成人式も、蕨《わらび》市で「成年式」という形で始まったのが、発祥だそうです。それから、学習塾や予備校に使う費用、雑誌や書籍の購入額も日本一です。教育に熱心な土地柄なんですね。

荒川を筆頭に川が多いので、河川面積の割合が全国一位。川幅も、荒川の二千五百三十七メートルの個所があるそうで、それも日本一。ものすごく広いんですね。川岸から見たら、海のように見えるかもしれません。

日本の地質学は、明治の初期、ドイツの地質学者ナウマンが、長瀞《ながとろ》の調査をしたことから始まりました。「日本地質学発祥の地」の石碑が、埼玉県立自然の博物館前にあります。日本で「ナウマン象」を発見した学者が、埼玉とそんな縁があったとは驚きです。

埼玉県ゆかりの歌手のお一人、沢田知可子さんが歌う『会いたい』は切ないですね。

会いたい　（作詞＝沢ちひろ　作曲＝財津和夫）

ビルが見える教室で
ふたりは机　並べて
同じ月日を過ごした
少しの英語とバスケット　そして
私はあなたと恋を覚えた

卒業しても私を　子供扱いしたよね
「遠くへ行《ゆ》くなよ」と　半分笑って
半分真顔で　抱き寄せた

低い雲を広げた　冬の夜
あなた　夢のように　死んでしまったの

今年も海へ行くって
いっぱい　映画も観るって
約束したじゃない
あなた　約束したじゃない

会いたい

埼玉は東京の一部みたいに、気楽に行ったり来たりしていますが、今回あらためて見ると、独特の文化と伝統と歴史を持つ、たいへんな土地ですね。なまじ近い隣人だと、きちんと接するのを忘れがちですから、もっと勉強しなければと、反省しきりです。

栃　木

収穫量全国一のイチゴとかんぴょう

栃木県の面積は関東で最大で、自然が豊かです。日光国立公園や尾瀬国立公園にも跨《また》がり、温泉も日光、鬼怒川《きぬがわ》、那須《なす》、塩原など、いいところがいっぱいあります。ただ、栃木県の人は、日光や尾瀬の陰に「栃木」という名前が霞《かす》んでしまって、「存在感がなくて」といいます。農産物では、かんぴょうとイチゴが全国一の生産量です。

私は、のり巻きに入っているかんぴょうが大好きで、かんぴょうの畑を案内してもらったこともあります。お聞きしたところでは、関東ローム層の栃木の土は、水はけがよくて、かんぴょうの栽培に適しているそうです。しかし、いま輸入品が非常に多くて、国産のものが押されてしまっているそうです。

イチゴは「とちおとめ」とか「とちひめ」などが有名で、名前に栃木の「とち」が入っているのですぐわかりますね。避暑地として人気の那須高原のあたりでは、酪農もさかんで生乳も北海道に次いで生産量が多いそうです。お花好きの方にお勧めなのは、あしかがフラワーパーク（足利市）。日本有数の規模といわれる六百畳敷のフジ棚があります。

以前、新聞に『親鸞』という小説を連載していたのですが、親鸞は、流刑になっていた越後から東国《とうごく》に移住したので、下野国《しもつけのくに》（現・栃木）関連の土地縁が深いんですね。ですから、勉強のために宇都宮などはよく訪ねました。宇都宮の餃子《ギョーザ》も有名で、いただきました。戦後、朝鮮半島や大陸から引き揚げてこられた方たちが持ち込んだのが、タンメンと餃子だと聞いたことがあります。私も朝鮮半島からの引き揚げ者ですが、餃子は向こうではふつうの食事でした。

宇都宮出身の歌手といえば森昌子さんですが、栃木を歌った曲はないんです。『哀《かな》しみ本線日本海』という歌を歌っています。

哀しみ本線日本海　　（作詞＝荒木とよひさ　作曲＝浜圭介《けいすけ》）

何処《どこ》へ帰るの　海鳥《うみどり》たちよ
シベリアおろしの　北の海

私には　戻る　胸もない
戻る　戻る　胸もない
もしも死んだら　あなた
あなた泣いてくれますか
寒い　こころ　寒い
哀しみ本線　日本海

これまで「歌の旅びと」として各地を訪ねてきて思うのは、歌い手さんが自分の出身地を舞台にした歌で、ヒットに結び付けた例が、意外と少ないということです。森さんにも、栃木のことを歌ってほしいなあと思いますけれど。

県民性という意味では、栃木の女性は、明るくて控えめ、芯が強いと聞きました。森さんにも当てはまるかもしれません。男性は、いぶし銀のような魅力があり、恥ずかしがりやなんだけれど、つきあうと味が出る。正直で真面目で律儀、反骨精神もあるそうで、渋めのお国柄と言えそうですね。

いぶし銀の船村徹からジャズの「ナベサダ」まで

音楽の世界で忘れてならないのは、船村徹《とおる》さん。船村さんは、たしか私と同じ一九三二（昭和七）年の生まれです。石本美由起さんと並んで、日本の歌謡曲、流行歌の歴史を作ってこられた偉大な作曲家です。日本的な抒情に富むメロディーは、船村さんをおいてほかにないだろうといわれています。

作った曲は五千曲を超えるとか。それも、いわゆる演歌調のものだけではありません。星野哲郎さんとコンビを組んで『みだれ髪』などの名曲を書かれました。もちろん明るい曲もあって、作風は多様です。引き出しがたくさんあるんですね。それでなければ、何十年も第一線で仕事をつづけてこられないでしょう。

船村さんは作曲家の仕事だけでなく、福祉施設や刑務所の慰問など、社会奉仕的なことを精力的におやりになってきました。名刺をいただいたとき、裏にそういう団体の名が二十ぐらい並んでいて、びっくりした記憶があります。

船村さんが、世に出るきっかけになったのが『別れの一本杉』です。友人、高野公男《きみお》さんが作詞され、歌は春日《かすが》八郎さんでした。この歌が、まさかと思うほど大ヒットして、高野さんと二人で大喜びしたというエピソードを読んだことがあります。農村、漁村が日本の国の土台だった時代の歌で、懐かしい気持ちになります。

別れの一本杉　（作詞＝高野公男　作曲＝船村徹）

泣けた　泣けた
こらえ切れずに　泣けたっけ
あの娘《こ》と別れた　哀しさに
山の懸巣《かけす》も　啼《な》いていた
一本杉の
石の地蔵さんのョ　村はずれ

遠い　遠い
思い出しても　遠い空
必ず東京へ　着いたなら
便りおくれと　いった娘《ひと》
リンゴのような
赤いほっぺたのョ　あの涙

船村徹さんご自身も歌われているんですが、これこそいぶし銀の感じです。こういう歌声は、私などの心の琴線には響いてくるんですが、いまの日本の若い人たちにとってはどうでしょう。船村メロディーを聴いて、何を感じてくれるだろうと考えてしまいます。かすかな希望は持っていますけれど。

いま、日本の原風景といえるような典型的な農村の姿が、どんどん失われていって、切ないものがあります。昔は、一本杉や村はずれのお地蔵さんという風景が、現実にあったんですから。

作詞家の木下龍太郎《りゅうたろう》さんも、船村徹さんと同じ塩谷《しおや》町の出身です。木下さんの作品には、倍賞千恵子さんが歌われた、有名な『忘れな草をあなたに』があります。また、水森かおりさんの歌で、ご当地ソングをたくさん書いています。『鳥取砂丘』や『五能線』などがあります。けれども、なんでよその県のPRに熱心なのか、不思議に思ってしまいました。

忘れな草をあなたに　　（作詞＝木下龍太郎　作曲＝江口浩司《ひろし》）

別れても　別れても　心の奥に

いつまでも　いつまでも
憶《おぼ》えておいて　ほしいから
幸せ祈る　言葉にかえて
忘れな草を　あなたに　あなたに

いつの世も　いつの世も　別れる人と
会う人の　会う人の
運命《さだめ》は常に　あるものを
ただ泣きぬれて　浜辺につんだ
忘れな草を　あなたに　あなたに

菅原洋一さんも歌っていて、心にしみるような気分になりますね。

栃木県からは、モダンジャズで有名な方も出ています。「ナベサダ」こと渡辺貞夫さんが、宇都宮市の出身です。渡辺貞夫さんとはご縁がありまして、私の原作のテレビドラマに音楽をつけてくださったり、お宅でご馳走《ちそう》になったりしました。渡辺さんは、日本のジャズ界のゴッドファーザー的な存在ですが、作品はなじみやすいものが多い。キャラクターとしても笑顔が素敵なミュージシャンです。

栃木県発の音楽は、船村徹さんのような、日本古来の音楽の継承者から、渡辺貞夫さんのようなジャズまで、ほんとうに幅が広いですね。

「わっぺいちゃん」立松和平の思い出

宇都宮市出身では、NHKの「ミッドナイトトーク」にも出演されている落合恵子さんや、作家の立松和平さんがいます。私は、立松さんが大学生のころから「わっぺいちゃん」と呼んで、親しくしていました。本名は横松というのですが、「横」が「たて」になったんですね。

立松さんは、後年、テレビのルポルタージュなどでの、朴訥《ぼくとつ》な語り口が人気を集めました。あれは栃木弁なんでしょうか。作家としてしばらく活動していましたが、一時郷里に帰って、宇都宮市役所にお勤めされたんです。そのころ、彼から長文の手紙をもらったことがありました。

「このまま地方にいて、時々小説を書くというような仕事のしかたでいいのだろうか、筆一本で文学にチャレンジしようか迷っています」という内容でした。私は、結局は運命の力に身を任せるしかないと思っていましたから、そのときはお返事を書かなかったんです。しかし、おづきあいは晩年までつづき、亡くなる直前に、共著で『親鸞と道元』という本を出しました。

立松さんは二〇〇七（平成十九）年に、『道元禅師』で泉鏡花文学賞を受賞されています。私より若いのに、先に亡くなられたのは残念でした。足尾《あしお》銅山をテーマにした作品もありますし、非常に幅広い仕事をした人でした。足尾銅山といえば、明治期に、その足尾の鉱毒事件を国に訴えた、政治家の田中正造も反骨精神の一つの典型ですね。

作家の山本有三さんは栃木市出身で、日本人の模範的な生き方を称揚する〝教育的〟な作風の方でした。教師だった私の父親も、本棚にはこの人の本がありました。『真実一路』『路傍《ろぼう》の石』『女の一生』などの作品があります。

書家の相田《あいだ》みつをさんが足利市。「つまづいたって　いいじゃないか　にんげんだもの」など、短く平易な言葉を独特の書体で書かれて、いまでも人気を博しています。百一歳で亡くなられた詩人の柴田トヨさんが栃木市の出身です。それから奄美《あまみ》の絵を数多く描いていらっしゃる画家の田中一村《いっそん》さんも、栃木市出身なんですね。その描く絵に、ゴーギャンみたいな独特の魅力がありますから、奄美の出身の方かと思っていました。

プロボクサーのガッツ石松さんも栃木、いまの鹿沼《かぬま》市出身だそうです。ガッツさんには、たくまざるユーモアがあります。何かのとき、「人生観が三百六十度回転して、一変しました」と言っていましたが、三百六十度回転したら、元に戻るんじゃないですかって、ツッコミたくなるんです。

近畿地方に大和朝廷が栄えたころ、関東は単に東国とか東夷《あずまえびす》と呼ばれる僻遠《へきえん》の土地、というイメージしかありませんでした。親鸞も都から東国へ行って、すごく苦労したのではないかという説があります。けれど、どうもそうではない。調べているうちに、下野を含めた関東では、早くから文化が栄え、豊かな物産の花開く土地であったことがわかってきました。もうちょっと、栃木のことを勉強しなければと、反省しました。知っているつもりで、知らないことも多いものです。

茨　城

親鸞が布教をはじめた常陸国

茨城県は、納豆のほか、身近な農産物もたくさん作っていますから、首都圏の胃袋を養っていると言えます。レンコン、白菜、春レタス、メロンなどのほか、イワシやサンマ、カツオ、アンコウなど、海のものも多いです。

茨城というと平野のイメージで、昔は、東国《とうごく》・常陸国《ひたちのくに》と呼ばれていて、未開の地だったような印象がありますが、最近の歴史学の研究で、古代から文化が栄え、物資の生産や上方との往来も盛んな土地だったことがわかってきています。

私は、茨城を二つの小説の舞台にしたことがあるんです。新聞に連載した『親鸞』がその一つです。京都から流罪になって越後へ流された親鸞が、そこで何年か過ごした後、家族と移住したのが常陸国でした。六十歳過ぎぐらいまで過ごして、稲田《いなだ》（現・笠間《かさま》市）に居を構え、布教を開始します。当時、常陸は文化の高い地であったため、親鸞が移住先に選んだのだと、私は解釈しています。

明治になると、東京美術学校校長で、日本美術の保護・発展に尽力した岡倉天心が五浦《いづら》海岸を気に入って、住まいを建てました。その庭の、太平洋に突き出た一角に天心が構えた六角堂があって、東日本大震災で壊れましたが、一年ほどで再建されました。天心の弟子で地元茨城・水戸出身の横山大観も非常に愛した地だそうです。

茨城というと、私は筑波山の見える風景がいちばん好きですが、筑波の山頂に登ってみると、見渡すかぎり関東の大平野が広がっている。古代の文化が栄えたのは当然だろうという気がします。多くの河川や湖沼を結ぶ水路も、いまよりもっと利用されていたはずで、稲田に住んでいた親鸞も一円に布教に行くとき、まず川舟で行けるところまで行っていたようです。

歌に滲む野口雨情の寂しさ

茨城は、結城紬《ゆうきつむぎ》や笠間焼も有名です。笠間あたりは、昔の領主が文化人だったせいもあって、京都の文化がストレートに入ってきているんです。

北原白秋、西條八十と並んで、日本童謡界の三大詩人と言われる野口雨情《うじょう》（一八八二

〜一九四五）が茨城出身ですが、そういう文化的な土壌があったからかもしれませんね。一時期、童謡詩人と言われる人たちがたくさん出て、童謡関係の雑誌や書籍が次々に出版された時代がありました。野口雨情は、童謡文化の黄金時代を作った一人です。

シャボン玉　（作詞＝野口雨情　作曲＝中山晋平）

シャボン玉　飛んだ
屋根まで　飛んだ
屋根まで　飛んで
こわれて　消えた
風　風　吹くな
シャボン玉　飛ばそ

あの町この町　（作詞＝野口雨情　作曲＝中山晋平）

あの町この町
日が暮れる　日が暮れる

今きたこの道
帰りゃんせ　帰りゃんせ

赤い靴　（作詞＝野口雨情　作曲＝本居長世《もとおりながよ》）

赤い靴はいてた
女の子
異人《いじん》さんに　つれられて
行っちゃった

『シャボン玉』『あの町この町』『赤い靴』のメドレーですが、歌詞も全部覚えているほど、どの歌も、子どものころの記憶とともにずっと残っています。童謡の古典というか、アンソロジー（選集）を作っておくといいなと思います。

雨情の歌には、何か喪失感があると思うんです。シャボン玉は飛んでいって、壊れてしまう。『あの町この町』では、二番目の歌詞が「お家がだんだん遠くなる」。赤い靴を履いていた女の子は、異人さんに連れられてどこかへ行ってしまう。ものごとが消え、失われていく寂しさが漂っています。

出身の北茨城市に記念館があって、そこの展示によれば『シャボン玉』は二歳で亡くなったお嬢さんを偲《しの》んで作ったものだということらしいです。そんな背景もあって、寂しさが伝わってくるんですね。雨情には、一世を風靡《ふうび》した流行《はや》り歌もありました。春日八郎さんが歌った『船頭小唄』もその一つです。

船頭小唄　（作詞＝野口雨情　作曲＝中山晋平）

己《おれ》は河原の　枯れ芒《すすき》
同じお前も　枯れ芒
どうせ二人は　この世では
花の咲かない　枯れ芒

死ぬも生きるも　ねえお前
水の流れに　何変《かわ》ろ
己もお前も　利根《とね》川の
船の船頭で　暮らそうよ

『忍ぶ川』で芥川賞を受賞された作家の三浦哲郎《てつお》さんは「文壇の三大名歌手」と言われていて、十八番《おはこ》がこの『船頭小唄』でした。ちょっとお酒が入ると、我流なんですけれど、聴く者の心にしみとおるような歌いぶりでした。三浦さんは苦難多き生涯を乗り越えてこられた方でしたから、思いがこもっていた。ただこの歌は、「亡国のメロディー」と言われて非難を浴びたこともあったんです。「どうせ俺たちは」という内容ですから、歌が大流行していた一九二三（大正十二）年、関東大震災が起きたことから、「こんな歌が流行るから大災害が起きるんだ」と批判されました。一方、関東大震災で人々の心がしんみりしているからヒットしたという説もありますが。

童謡から大人の歌まで、雨情の歌に共通する〝寂しさ〟は、いずれにしても、当時の不安な時代の空気を映しているように感じます。

県民性は「茨城の三ぽい」

茨城の潮来《いたこ》は、江戸時代から水陸交通の要所として栄え、水郷めぐりや、あやめまつりなどで、いまでも賑わっているようです。その地名は、歌にもずいぶん出てきます。『潮来笠』『潮来花嫁さん』という歌がありますね。

潮来花嫁さん　（作詞＝柴田よしかず　作曲＝水時富士夫）

潮来花嫁さんは
潮来花嫁さんは　舟でゆく
月の出潮を　ギッチラ
ギッチラ　ギッチラコ
人のうわさに　かくれて咲いた
花も十八　嫁《よめ》御寮《ごりょう》

潮来花嫁さんは
潮来花嫁さんは　舟でゆく
夢をいだいて　ギッチラ
ギッチラ　ギッチラコ
好きなあの人　東京育ち
私しゃ潮来の　水育ち

『潮来花嫁さん』を歌ったのは、花村菊江さんでした。花村さんはきちんとした行儀正しい歌い方ながら、個性が出ていて、プロはすごいなと、つくづく思いました。

歌人で小説家の長塚節《たかし》が常総《じょうそう》市、陶芸家の板谷波山《いたやはざん》が筑西《ちくせい》市、免疫学の多田富雄さんが結城市の、それぞれ出身だそうです。多田さんとは生前ご縁があって、対談をさせていただいたこともあります。大佛《おさらぎ》次郎賞を受賞した『免疫の意味論』は、古典的な名著です。非常に広い視野を持った医学者で、免疫学の泰斗《たいと》でありながら、エッセイもお書きになるし、能楽に造詣が深く、脳死をテーマにした新作能「無明《むみょう》の井《い》」をお書きになりました。

映画監督の深作欣二《ふかさくきんじ》さんが水戸市出身。深作さんは、まさに水戸っぽという感じの人でした。私の『青春の門』の映画化のときのご縁で、マージャンを何度かしたことがありますが、なかなか強気の打ち手でした。「茨城の三ぽい」、「水戸の三ぽい」という言葉があるのですが、茨城県民は「怒りっぽい、忘れっぽい、飽きっぽい」。旧水戸藩士系は、「理屈っぽい、骨っぽい、怒りっぽい」だそうです。そういうところが、深作さんが監督された「仁義なき戦い」シリーズなどに、反映しているのかもしれません。

それから俳優の柳生《やぎゅう》博さんが阿見《あみ》町出身。そこは、日本で二番目に広い湖、霞ヶ浦に近く、渡り鳥が飛来するなど、自然が豊かなところだそうで、それが日本野鳥の会の活動（現会長）につながっているのかなという気がします。

太平洋戦争中、大流行した『予科練の歌』の一節に、「今日も飛ぶ飛ぶ霞ヶ浦にゃ」という歌詞があるように、子どもたちの憧れの的である予科練（海軍飛行予科練習生）の訓練基地が、霞ヶ浦（現・阿見町）にありました。

戦争末期には「王道楽土の建設」というスローガンのもと、満蒙《まんもう》開拓青少年義勇軍の内原《うちはら》訓練所（現・水戸市）から、全国から選抜された十五〜十九歳くらいの少年たちが満州にずいぶん送り込まれました。戦争の影を背負ったところでもあります。

『ステッセルのピアノ』が結んだ縁

音楽関係では、津軽三味線の全国大会で一九九五（平成七）年、九六年と二連覇した上妻宏光《あがつまひろみつ》さんが日立市出身です。津軽三味線を国際的に認知させた功労者の一人です。津軽三味線の奏者は青森出身者が多い中、すばらしいことです。茨城の人には、郷土以外の文化をどんどん取り入れていく、進取の気性があるのかもしれません。私も一緒にステージに出る機会が何度もありましたが、上妻さん、若くて、かっこうよくて、爽《さわ》やかな青年です。

忘れてならないのが、日立市出身の吉田正さん（一九二一〜九八）。亡くなられた一九九八年に国民栄誉賞を受賞されました。吉田さんは、歌謡曲のみならず日本の音楽界の巨星です。作詞の佐伯《さえき》孝夫さんとのコンビで、数々の昭和の名曲を作られました。

再会　（作詞＝佐伯孝夫　作曲＝吉田正）

逢えなくなって　初めて知った
海より深い　恋ごころ
こんなにあなたを　愛してるなんて
ああ　ああ　鷗にもわかりはしない

みんなは悪い　ひとだというが
わたしにゃいつも　いいひとだった
小《ち》っちゃな青空　監獄の壁を
ああ　ああ　みつめつつ泣いてるあなた

松尾和子さんが歌っていますが、大人の女性の色気ってこういうものかと感じますね。松尾さんはプロ中のプロでありながら、どこかで、音程がはずれそうな、危うさを感じさせる歌い方をするんですね。歌詞に「監獄の壁を」という言葉が出てくるようなところも、この歌の妖《あや》しい魅力だと思います。

冒頭で、茨城を舞台にした小説を二作書いたとお話ししましたが、もう一つは『ステッセルのピアノ』（文春文庫）です。

日露戦争で日本が旅順港を陥落させて、敵の将軍ステッセルと乃木《のぎ》大将が会見したのです。そのときステッセルが、馬一頭と一台のピアノを乃木に贈ったそうなんです。この「ステッセルのピアノ」が行方不明となり、その行方は諸説ありますが、水戸市の小学校のガラクタの中に埋もれていた一台がそれではないかと言われていて、そんなことを材料に書きました。

茨城を題材に、二つの物語を書いているとは、不思議なご縁だなと改めて感じています。

群馬

碓氷峠越えを待つ懐かしい駅弁

群馬県は、何度も行っています。東京から比較的近いこともありますし、信州へ行くときは、群馬県を必ず通りました。

それでも、昔は鉄道で行くのが大変でした。汽車に山を一気に越える馬力がなくて、信越本線の松井田駅や熊ノ平駅には、折り返しながら急勾配を登るためのスイッチバックがあって、碓氷《うすい》峠を越える前の横川駅で、電気機関車に付け替えるんです。そこでの停車時間が長かったので、みんな列車から降りて、名物の駅弁を買い求めたものです。

あれも、いまから思えば懐かしいです。それは、横川駅の「峠の釜めし」なんですが、五十五年の歴史があるそうです。手頃な値段で味もいいけど、なぜかアンズが一粒入っている。これはいまでも変わりませんね。なにより容器が立派な陶器製で、七百二十五グラムあるそうで、これはもったいないと、重いのを家まで抱えて帰ったものです。群馬にはそれ以外にも、高崎のだるま弁当、鶏めし弁当などの名物駅弁があります。鶏めし弁当もよく買いました。

さきほど信州に抜ける峠越えの話をしましたが、群馬と新潟を隔てているのが、三国《みくに》山脈。ここに水源のある利根川は、長さも信濃《しなの》川についで二番目、流域の面積は日本一、坂東太郎と呼ばれています。かつては東国一帯の武士を〝坂東武者〟と呼んでいました。赤城《あかぎ》山に、榛名《はるな》、妙義を加えた上毛三山、草津白根など山も多く、また、草津、伊香保、水上、四万《しま》と温泉もたくさんあります。草津の湯は熱いので、板を入れて湯もみしないと入れません。「草津よいとこ、一度はおいで。チョイナ、チョイナ」という湯もみで歌われる『草津節』は、誰もが歌っていますね。

安田祥子と由紀さおり姉妹のハーモニー

群馬の、地域それぞれの特色はどんなところにあるでしょう。

前橋を政治の都とすれば、高崎が商業、桐生《きりゅう》が織物、太田市が工業といった具合です。日本の多くの県は、現代でも明治維新以前からの、地域の個性が残っているところが多いんです。

織物が盛んで、文化が栄えた桐生からは、いろんな人が出ています。歌手の安田祥子《さちこ》さんと、妹の由紀さおりさんのお二人が、桐生出身です。私が二十代の終わりに、コマーシャルソングの仕事をやっていたころ、祥子さんにずいぶんお世話になりました。そのころ、章子《あきこ》さん、のちの由紀さおりさんは、まだ高校生で、教科書を入れたザックを背負って、スタジオに出入りしていたものです。

最近、由紀さんは、アメリカのジャズバンド、ピンク・マルティーニと共演して、新たに録音した『夜明けのスキャット』が、世界的なヒットになりました。この歌が日本で最初にヒットしたのは、一九六九（昭和四十四）年のことでした。

夜明けのスキャット　（作詞＝山上路夫　作曲＝いずみたく）

ル　ルルルル
ラ　ラララ
パパパパパパパ
…………
愛しあう　そのときに

この世は　止まるの
時のない　世界に
ふたりは　行《ゆ》くのよ
夜は流れず　星も消えない
愛の唄　ひびくだけ
愛しあう　ふたりの
時計は　止まるのよ
時計は　止まるの

じつは、由紀さおりさんには、安田章子さんの名前で出ている時代に、私の作詞で何曲か歌ってもらっているんです。残念ながら全然ヒットしませんでしたが、由紀さおりの名前に変わってから、ヒットの連続です。どうも私は損な役回りばっかりしているような気がする。安田姉妹として歌われるときには、本格的に声楽を学んだお姉さんの、クラシック系の歌い方と、妹さんのポピュラー系の歌い方が、うまくミックスして、いいハーモニーになっていますね。

国定忠治や歴代首相まで多彩な人材

最近話題の人でいいますと、大河ドラマ「八重の桜」でおなじみの新島襄《じょう》が、安中藩の江戸屋敷の生まれだそうです。政治家では、福田赳夫《たけお》さん、中曽根康弘さん（共に現・高崎市）、小渕《おぶち》恵三さん（中之条町）など、歴代の首相を群馬は輩出しています。その一方で、羽仁《はに》五郎さんや内村鑑三といった、反骨精神の人材も生んでいるところが、興味深い。

羽仁さんはイタリアのルネサンス時代が専門で、日本を代表する文化人でしたが、晩年は学生運動を支持し、革命の理論家的存在とされた人でした。まあ反体制というか、警察とは仲が悪そうなんですが、もともと桐生の名家の出で、「昔は警察署長などが桐生に赴任してくると、必ずうちに挨拶《あいさつ》にきたものだよ」とおっしゃっていました。

反原発運動の旗手とも言われた、物理学者の高木仁三郎《じんざぶろう》さんが前橋市の出身です。やはり群馬の人は、自分の意志を曲げない、強いところがあるのでしょう。

群馬というと、「かかあ天下と空っ風」と言いますけれど、冷たい風が吹きすさぶ中に、胸を張って立つというイメージがあります。群馬の女性の県民性をうかがわせるデータがあって、それによると女性の運転免許証の保有率が、日本一だそうです。車好き、新し物好きの気質ということもあり、自動車販売業界では「新車は群馬で売れ」と言われているそうです。
そういえば、「赤城の山も今宵《こよい》限り」で有名な国定忠治も群馬です。これもお上《かみ》に逆らう義侠です。東海林太郎さんが歌った、『赤城の子守唄』も一世を風靡した曲で、私の世代では子守唄のかわりでした。

赤城の子守唄　（作詞＝佐藤惣之助《そうのすけ》　作曲＝竹岡信幸）

泣くなよしよし
ねんねしな
山の鴉《からす》が　啼《な》いたとて
泣いちゃいけない
ねんねしな
泣けば鴉が　又さわぐ

こういうメロディーを聴いていますと、かつて全国を巡業していた、大衆演劇を思い出します。日本全国、津々浦々を、こういう曲をレパートリーに公演していました。東海林太郎さんが直立不動で歌われていた姿が、目に焼きついています。古き良き時代の記念碑的な作品です。

オーケストラや映画制作を支援

群馬で忘れてはならないのは、尾瀬（栃木にもまたがっていますが）。栃木、福島、新潟に接していて、ミズバショウがきれいです。「夏が来れば思い出す」と、尾瀬を描いた『夏の思い出』は、世代を超えて歌われています。この歌のおかげで尾瀬が広く知られることになった気もします。それこそ、いろいろな音楽家が演奏していますが、館《たて》林《ばやし》市出身の宗次郎《そうじろう》さんが、この曲をオカリナで演奏していました。

オカリナは郷愁を誘う音色ですけれども、同じ吹奏楽器のハーモニカも、群馬と深い縁があるんです。前橋市出身の宮田東峰《とうほう》（一八九八〜一九八六）さんは、日本でのハーモニカ普及の最大の功労者の一人といわれています。日本で初めてハーモニカの合奏団を結成され、大正時代末には、ご自分の名前を冠したハーモニカも発売されています。「ミヤタ・バンド」といいましてね、ケースに宮田東峰さんの顔が印刷されているんです。これはハーモニカの名器で、昔の少年たちのあこがれだったんです。

ハーモニカというのは、小沢昭一さんがおっしゃっていたように、戦中、戦後の世代の人間にとっては、相棒のような懐かしい楽器でした。ハーモニカ少年と言われるような子どもたちがいた時代がありましたし、私もよく吹いたものです。

文学者では古くは田山花袋《かたい》（館林市）、また、南木佳士《なぎけいし》さん（嬬恋村《つまごいむら》）、金井美恵子さん（高崎市）などが群馬から出ています。金井美恵子さんは、金沢市の泉鏡花文学賞の選考委員をご一緒しています。

音楽では、群馬交響楽団も有名です。戦後に、高崎の市民オーケストラとして始まりました。草創期のエピソードが、『ここに泉あり』（一九五五年・今井正監督）という映画になりました。また、日本近代詩の父といわれる萩原朔太郎《はぎわらさくたろう》（前橋市）は、音楽を好んで、地元でマンドリンクラブを作りましたが、それが、群馬交響楽団の前身ともいわれているんです。

また群馬県は、映画の制作を自治体がバックアップしているようです。ロケの誘致や、撮影の支援をするフィルムコミッションという機関が、嬬恋村、渋川伊香保温泉、高崎市など、七カ所もあるそうです。映画監督では、『泥の河』『伽倻子《かやこ》のために』などを撮った、小栗《おぐり》康平さんが前橋市の出身です。小栗さんは地元の群馬でも映画を撮っていらっしゃいます。群馬県がすべて資本を出した、『眠る男』という映画が話題になりました。小栗さんの映画では、『死の棘《とげ》』が印象に残る名作です。作家の島尾敏雄さんの夫婦愛がテーマの私小説が原作です。商業映画としては、なかなか成り立たないテーマの作品です。

終戦直後の大ヒット曲『星の流れに』

作曲家では、大ヒット曲『星の流れに』の利根一郎さんが、明和町《めいわ》の出身です。戦後、満州（現・中国東北部）から引き揚げてこられた看護師さんが、苦労を重ねて、最後は上野の地下道の中で、ホームレスの生活を送っていたんですね。作詞家の清水みのるさんが、偶然にその女性から話を聞いて感激し、走り書きをした詩を持って利根さんのところへ駆けつけ、「これに曲を付けてくれ」と頼み、あっというまに歌ができた。その歌が映画『肉体の門』（田村泰次郎《たいじろう》原作）の中で使われて、大ヒットしたんです。いま聴いてもせつないのは、この歌には、敗戦直後の、なまなましい雰囲気があふれているからだと思います。当時歌ったのは菊池章子《あきこ》さんでした。

星の流れに　　（作詞＝清水みのる　作曲＝利根一郎）

星の流れに　身を占って
何処《どこ》をねぐらの　今日の宿

荒《すさ》む心で　いるのじゃないが
泣けて涙も　涸《か》れ果てた
こんな女に　誰がした

煙草《タバコ》ふかして　口笛ふいて
あてもない夜の　さすらいに
人は見返る　わが身は細る
町の灯影《ほかげ》の　侘《わ》びしさよ
こんな女に　誰がした

こういう時代があって、戦後の復興、高度成長があって、現在にいたるわけです。時代の移り変わりというと、数字統計や年号ばかりが、「表の歴史」として語られがちなんですが、それだけでは決して伝わらない、〝時代の匂い〟というものがある。それを感じさせてくれるのが、歌の効用なんですね。

歌手でいいますと、初代のコロムビア・ローズさんが桐生市出身です。初代のコロムビア・ローズというと、『娘十九はまだ純情よ』『どうせひろった恋だもの』など、ヒット曲がたくさんあり、なかでも『東京のバスガール』は有名でした。

東京のバスガール　　　（作詞＝丘灯至夫《としお》　作曲＝上原げんと）

若い希望も　恋もある
ビルの街から　山の手へ
紺の制服　身につけて
私は東京の　バスガール
「発車　オーライ」
明るく明るく　走るのよ

こうして群馬県の風土や人物を尋ねていると、バラエティーに富んで、驚くようなところがたくさんありますね。お話ししたことを頭に置きながら、改めて群馬を訪ねてみようかと思います。

東京、神奈川、横浜を訪ねて

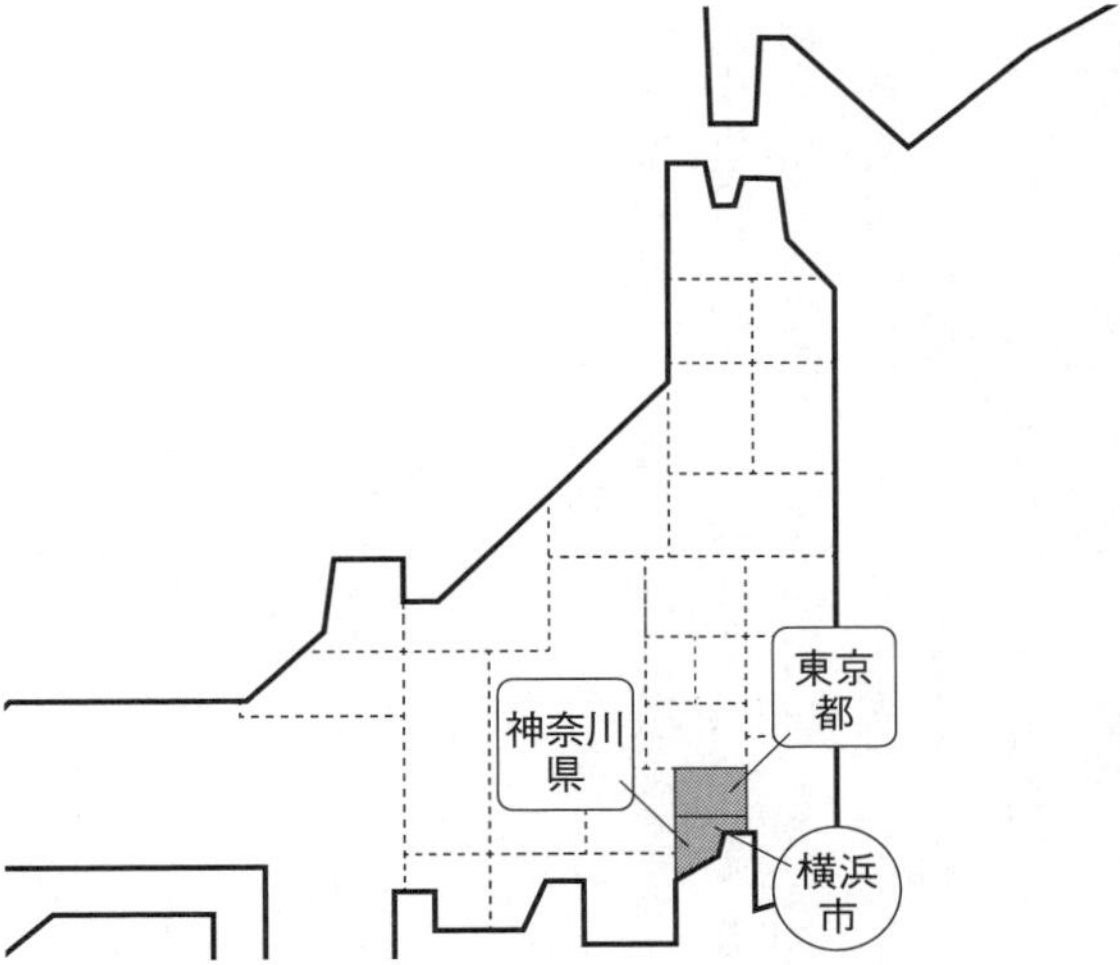

東京

開戦前夜を予感させる夢の楽園

東京というと、高層ビルが林立しているという大都市のイメージが浮かびますが、伊豆七島も、小笠原諸島も東京都ですし、じつは東京というのは、意外と広いんです。都内の二十三区を見渡しても、山の手と下町ではずいぶんと違います。当然ビルも多いわけですが、じつは緑も多いんです。都心に江戸時代の大名屋敷跡が、庭園として残っていたりもします。江戸の二大名園は、駒込の六義園《りくぎえん》（柳沢吉保の屋敷跡）と小石川後楽園（水戸徳川家の屋敷跡）といわれますが、今は都会のオアシスになっています。私自身は、学生時代にアルバイトで江東、墨田などの下町や、北区地区で新聞配達をしていたので、わりと両方の地域に詳しいのです。

まあ人間もそれぞれで、東京タワーへ行ったことがないという下町の方や、隅田川を渡ったことがないという山の手の方もいらっしゃる。さまざまな顔を持つ土地ですから、短い時間の中で、東京はこうですとまとめるのは、なかなか難しいでしょうね。

東京は江戸、明治と時代の変化をいち早く受けたので、ある意味「新しい町」でもあるんです。歴史的にも、関東大震災や東京大空襲で大きな被害を受け、江戸・明治の風景をほとんど焼失してしまいました。いまの東京は、そこから何度も立ち直ってきた経緯があります。時代とともに新しく生まれ変わってきたのが、東京といえるでしょう。

題名に「東京」が入った歌は、ほんとうにたくさんあって、選ぶのが大変なほどです。その中に、藤山一郎さんが歌った『東京ラプソディ』という曲があります。

東京ラプソディ　（作詞＝門田ゆたか　作曲＝古賀政男）

花咲き花散る宵《よい》も
銀座の柳の下で
待つは君ひとり　君ひとり
逢えば行く喫茶店《ティールーム》
楽し都　恋の都
夢の楽園《パラダイス》よ　花の東京

現《うつつ》に夢見る君の
神田は想い出の街
今もこの胸に　この胸に
ニコライの　鐘も鳴る
楽し都　恋の都
夢の楽園《パラダイス》よ　花の東京

一九三六（昭和十一）年の歌です。ちょうどベルリン・オリンピックで「前畑がんばれ」のラジオ中継があった年です。私は四歳の子どもでしたが、この歌をものすごくよく覚えています。「パラダイス」ってなんだろうって考えながら聴いていたんです。当時は、イントロから間奏もみんなで「チャン チャカチャン チャカチャン」と、口三味線を合わせて歌ったものです。

でも昭和十一年というのは、歴史上大変な年だったんです。世界恐慌のあおりで、日々の庶民の暮らしにもいろいろな困難が生じていました。一方、思想や言論の取り締りもきびしくなり、陸軍が政治的な発言力を増してきました。そこで起こったのが、二・二六事件なのです。そんな時代にこの歌は、東京を「楽し都 恋の都 夢の楽園《パラダイス》」と描いていたのですね。

ヨーロッパではスペイン内戦が始まり、翌昭和十二年には日中戦争の口火が切られたわけで、開戦前夜の年です。軍需産業が大盛況で、「産業戦士」なんていう言葉が叫ばれ、国を担う緊張感が一般の働く人たちにも迫ってきていた。そんなころに、こういう華やかでモダンな歌が流行《はや》った。それは、これから大変な時代に入っていく寸前のパラダイスなんだ、そんな予感が社会全体にあったのでしょうね。そう考えると、聴き方も変わってくると思います。

集団就職で発展を支えた「金の卵」

さて、戦後になり、敗戦で一時はしょんぼりしていた日本は、高度経済成長期へと向かいます。すると一転して明るい歌が出てきます。まさに、「歌は世につれ、世は歌につれ」。歌というのはほんとうに、その時代の空気を反映しているのがわかりますね。このころは「集団就職」で、地方から中卒の人たちが「金の卵」と言われ大量に上京してきました。

映画『ＡＬＷＡＹＳ三丁目の夕日』を観たとき、学生のころを思い出して懐かしく思いましたが、そんな時代状況の中から、『東京だヨおっ母さん』という曲が生まれました。あの時代の空気がこもっていますね。
島倉千代子さんの大ヒット曲です。島倉さんが若いときの曲で、母親を思う娘の優しさが、とってもよく出ていました。

東京だヨおっ母さん　（作詞＝野村俊夫　作曲＝船村徹）

久しぶりに　手をひいて
親子で歩ける　嬉しさに
小さい頃が　浮かんで来ますよ
おっ母さん　ここが　ここが二重橋
記念の写真を　とりましょうね

やさしかった　兄さんが
田舎の話を　聞きたいと
桜の下で　さぞかし待つだろ
おっ母さん　あれが　あれが九段坂
逢《あ》ったら泣くでしょ　兄さんも

作曲の船村徹さんは、一九三二（昭和七）年の生まれで、私と同じ世代なんです。栃木から上京してこられて、自分は、田舎から東京へ来た人の歌を書きつづけるんだ、という志をもっておられました（栃木参照）。生涯に作曲したのは、五千曲を超えたそうです。

『王将』『別れの一本杉』など、数多くの名曲を作られ、大衆音楽の巨匠と言っていいような存在ですが、この『東京だヨおっ母さん』は、作曲家としての地位を固める大ヒット曲でした。

「未来の夢」が実現していく街

焼け跡から発展を遂げてきた東京ですが、時代の変化が歌に出るとするならば、次の節目は一九六四年の、東京オリンピックごろだったでしょうか。

一九五〇年代から六〇年代にかけて、音楽の世界も、がらっと変わっていきました。六〇年代は、はじめにマンボやルンバなど新しいリズムのヒット曲がたくさん出てくるんです。海外からミュージシャンもたくさん来て、六六年には、ビートルズがイギリスから初来日し、日本武道館で公演をしました。

そのころ若者たちの間でヒットしたのが、エレキギター、モンキーダンス、ミニスカート。一方では労働者の間では、こまどり姉妹が人気でした。ザ・ピーナッツもヒットを飛ばしています。テレビの歌謡番組の全盛期でもありました。
このころから、カタカナのタイトルの付いた曲が流行りだします。

ワン・レイニー・ナイト・イン・トーキョー　（作詞・作曲＝鈴木道明《どうめい》）

小雨降る夜は　なぜか淋《さみ》しくて
しんみり貴方《あなた》と　お話したいの
なんにも言わずに　別れたあの夜
つれない方と　恨《うら》んでますのよ
ワン・レイニー・ナイト・イン・トーキョー
やるせない雨よ

小窓打つ音は　雨の囁《ささ》やきか
しみじみ貴方を　思い出してるの
貴方がいるなら　なんにもいらない

せめてもう一度　言わせてアイ・ラブ・ユー
ワン・レイニー・ナイト・イン・トーキョー
やるせない雨よ

越路吹雪《こしじふぶき》さんの歌ですが、ステージなどでの雰囲気は、まさに越路吹雪というキャラクターを感じるんですけれど、歌を聴いていると洋楽系の美空ひばりとでも言うのか、ほんとうに聴き惚《ほ》れてしまうほどで、ほんとうに歌がうまく、細《こま》やかでいい歌い手さんです。

この曲を作詞・作曲された鈴木道明さんは、テレビ局のディレクターで、レコード大賞の創設で大きな役割を果たした方です。非常にキャラクターの強い人で、小説の中でモデルに使わせてもらったこともあります。

この曲がヒットしているころ、高速道路はできるわ、東海道新幹線は開通するわで、かつて図画の授業で描かされた「未来の夢」が次々に現実のものとなっていくように、東京もどんどん変化していきました。そして若者言葉がマスコミを賑わすようになり、世の中の流行が、大学生などの若者を中心に動き始めるようになっていきます。

生きている街・トーキョー

ペギー葉山さんの『学生時代』という歌は、そんな時代の気分に乗ってヒットしました。ペギーさんの母校・青山学院をイメージして歌ったといいます。

学生時代　（作詞・作曲＝平岡精二）

つたの絡《から》まるチャペルで　祈りを捧《ささ》げた日
夢多かりしあの頃の　想い出をたどれば
懐かしい友の顔が　一人一人うかぶ
重いカバンを抱えて　通ったあの道
秋の日の図書館の　ノートとインクの匂い
枯葉の散る窓辺　学生時代

讃美歌を歌いながら　清い死を夢みた
何のよそおいもせずに　口数も少なく

胸の中に秘めていた　恋への憧れは
いつもはかなく破れて　一人書いた日記
本棚に目をやれば　あの頃読んだ小説
過ぎし日よわたしの　学生時代

ロウソクの灯《ひ》に輝く　十字架を見つめて
白い指をくみながら　うつむいていた友
その美しい横顔　姉のように慕い
いつまでもかわらずに　と願った幸せ
テニスコート　キャンプファイヤー
懐かしい日々は帰らず
すばらしいあの頃　学生時代
すばらしいあの頃　学生時代

私とペギーさんとのご縁は、半世紀以上になります。私が二十代の後半から三十代のはじめ、大阪勤労者音楽協議会連絡会議（大阪労音）で、ミュージカルの台本を書いていたことがありました。その仕事で出会ったのです。最近では、「深夜便のうた」で、私の作詞で、『夜明けのメロディー』を歌っていただきました。平成二十六年度のNHK放送文化賞を受賞されました。

ペギーさんは、我々昭和ひとケタ世代の希望の星でしたが、もうその生の声を聴くことはできません。

東京の旅もそろそろ終わりです。東京については、百曲ぐらいあげないと語り尽くせないかもしれません。ほんとうに、東京は時時刻刻変化している都市、生きている街なんですね。

神奈川

アメリカの文化が息づく横須賀

私は何十年も横浜に住んでいる神奈川県民なんですが、地元の話となると尽きなくなりますので、今回は横浜抜きのお話にして、東日本の旅の最後にとっておくことにしましょう。ここでは横浜抜きで、神奈川県を訪ね歩きます。

神奈川県は、人口は九百万人を超え、東京に次ぐ第二位の多さです。政令指定都市が横浜、川崎、相模原《さがみはら》と三市もあるのは、全国でも神奈川県だけです。古都・鎌倉あり、川崎という工業地帯あり、また、小田原や箱根、厚木、伊勢原、丹沢など、日本の原風景が残っているところもたくさんありで、神奈川をひとくくりで語るのは難しいでしょう。

神奈川県の地名がつく歌もたくさんあります。その中の『横須賀ストーリー』は、阿木燿子《ようこ》さんと宇崎竜童さんのコンビで作られ、山口百恵さんが歌って大ヒットしました。

横須賀ストーリー　（作詞＝阿木燿子　作曲＝宇崎竜童）

これっきり　これっきり
もうこれっきりですか
これっきり　これっきり
もうこれっきりですか

街の灯《あか》りが映し出す
あなたの中の見知らぬ人
私は少し遅れながら
あなたの後　歩いていました

これっきり　これっきり
もうこれっきりですか
これっきり　これっきり

もうこれっきりですか
急な坂道　駆けのぼったら
今も海が　見えるでしょうか
ここは横須賀

　横須賀は米軍基地があり、アメリカ文化がダイレクトに入り込んできた町です。ですから日本とアメリカの文化が融合した独特の雰囲気があります。「どぶ板通り」とよばれる古い商店街があって、ミリタリー・ファッションの店、ジーンズの店、横須賀海軍カレーの店、ハンバーガー・ショップなどいろいろな店が並んでいます。ひと昔前、「スカジャン」といって、背中にワシやトラなどの派手で大きな刺しゅうをしたジャンパーが、横須賀の米軍人から流行りだしたこともあります。戦後の一時期だけでなく、戦後も七十年もたつと、〝横須賀文化〟として定着したように思います。

　同じ三浦半島でも、横須賀からちょっと離れると、皇室の方々が滞在される葉山の御用邸があり、地域ごとに違った文化圏があるような気がします。

　三浦にはブランド野菜がありますね。三浦大根を代表に、東京に近いことを活かして、新鮮な野菜を直接レストランに送るなど、さまざまな試みをされているようです。また、三崎港のマグロの水揚げ高も、日本有数です。私は東京に行くとき、川崎を通るんですけれども、深夜に首都高速・横羽線を走ると、以前は製鉄工場の溶鉱炉から真っ赤に溶けた鉄が火の川のように流れる光景をよく目にしました。

もうずいぶん前のことですが、川崎を舞台にした映画の撮影に立ち会ったとき、あの溶鉱炉から流れ出る鉄の様子を映せないか、撮影スタッフに相談したのですけれど、「いまの日本のカメラの性能では無理です」と言われ、断念したことがあります。その後、『ブレードランナー』（一九八二年）という近未来を描いたアメリカ映画を観《み》たら、私がイメージしたシーンが映っていました。この映画の監督があの風景を見て、映画の舞台にしようと決めたんだそうです。

最近、ああいう工場の風景に関心を持つ若い人が増えているらしいですね。川崎の工場の夜景を、首都高速道路の上から、あるいは屋形船で海上から見物するツアーが人気を博しているそうです。まあ、熱烈な鉄道ファンをはじめ、工場や廃墟《はいきょ》など、昔では考えられないようなものに関心を持つ人が増えてきたのは、それだけ世の中が多様化してきたということなのでしょう。

鎌倉武士と文士の街

私はいつのころからか、鎌倉歩きが好きです。お寺も多く、山や丘を削って、人や馬が通れるようにした切り通しなどの、歴史の重みを感じさせる道も多く、散策すると、とても気持ちがいいんです。

十二世紀末ごろ平安朝が衰退して、野性的でパワフルな武家政権が誕生するという、歴史上の大転換がありました。その中心地が相模国鎌倉。鎌倉五山を中心とする禅の文化が栄え、時を経て洗練・深化されていきました。さらに明治、大正、昭和と多くの文人墨客《ぼっかく》、思想家が居を構え、「鎌倉文士」という呼び名ができました。。

鎌倉をイメージした曲も数多くあります。田川寿美《としみ》さんが歌う『しゃくなげの雨』の中に、「北鎌倉」の駅名が出てきます。

しゃくなげの雨　（作詞＝水木れいじ　作曲＝徳久広司）

北鎌倉の　改札出たら
心の整理　つきました
しあわせ芝居　永すぎた春
縁切寺《えんぎりでら》へ　納めます

おもえばつらい　恋でした
ただ泣くだけの　恋でした
雨雨　しゃくなげの雨
もうこれ以上は　待てません
雨雨　しゃくなげの雨
私もやっぱり　女です

北鎌倉の駅はなかなか風情がありますね。降りてすぐ、鎌倉五山第二位の円覚《えんがく》寺（瑞《ずい》鹿山円覚興聖禅寺《ろくさんえんがくこうしょうぜんじ》）の総門があり、山門を抜けると禅の道場がたくさんある。かつて夏目漱石も座禅を組みに通ったそうです。いまも座禅修行に来る人は絶えないようですが、無念無想になれず、三日坊主で帰っていく人も多いようです。私も鎌倉で座禅修行することに、一種の憧れがありました。

いまでも鎌倉は観光地として人気が高く、休日に行くとすごい人出で、とくに花のシーズンは人であふれています。アジサイ寺として知られている明月院や、スイセンの瑞《ずい》泉《せん》寺、東慶寺も花がきれいで有名です。鎌倉へは交通が便利で、東京の都心からも意外なほど近いんです。

鎌倉の手前にある大船には、かつて松竹の撮影所があって、映画を「活動」と呼んでいたころの、初期の映画製作を支えたモダニズムの雰囲気が漂います。日本映画の中心地の一つで、原節子さんなどの大スターが、いまでもひょっこり歩いているんじゃないかと思わせるところです。

山岳信仰の大山・富士はパワースポット

大涌谷の噴火活動で話題になった箱根は、芦《あし》ノ湖を抱え、富士の眺望をほしいままにする一大リゾート地です。現代でこそ道路も整備されて車でさっと行けますけれど、かつて〝天下の険《けん》〟と称されていた面影が、そこかしこに残っています。羊腸《ようちょう》たる路を徒歩で越えた時代は、山中で追剥《おいはぎ》や山賊に遭《あ》ったでしょうし、大変な苦労だったと思います。山に囲まれ、独立した一つの国とでもいう存在感があり、霊的な力を感じることもあります。いまでいうパワースポットのようなものでしょうか。

ハイキングなどで人気のある丹沢山地には、昔から霊山として有名な大山《おおやま》がありますが、あそこもパワースポットの一つだったようです。新幹線から秀麗な姿の大山を目にすると、神秘的なものを感じます。古来、山登りは物見遊山ということだけではなく、信仰の儀式の意味が大きかったのです。富士山を筆頭に、相模の大山も、昔から庶民の山岳信仰の対象となった霊場で、大山講という団体を作り、身を清めて登ったものです。

霊峰・富士を歌った曲に『真白き富士の嶺《ね》』がありますが、かつての悲しい出来事がもとになっているんですね。一九一〇（明治四十三）年一月、逗子《ずし》開成中学校の生徒が、無断で船を出して遭難し、乗っていた十二人全員が水死してしまいました。それを悼むために、姉妹校の鎌倉女学校（現・鎌倉女学院）の先生が作詞したそうです。

真白き富士の嶺　（作詞＝三角錫子《みすみすずこ》　作曲＝ジェレマイア・インガルス）

真白き富士の嶺　緑の江の島
仰ぎ見るも　今は涙
帰らぬ十二の雄々《おお》しきみたまに
捧《ささ》げまつる　胸と心

井口小夜子《さよこ》さんが歌われていて、流行歌としてもヒットしましたが、背景を知ったうえで、実際に起きた事故の鎮魂慰霊の曲として聴いてみると、また違う感じがします。もともとあった賛美歌に、詞をのせて歌われたようです。

神奈川といえば湘南《しょうなん》もはずせません。自動車のナンバーに「湘南」が加わったとき、すごい人気でした。一九九二（平成四）年のことでした。引っ越してでも湘南ナンバーをつけたいと言う人が多かったそうです。「ラジオ深夜便」の「ミッドナイトトーク」に出演しておられる加山雄三さんが湘南育ちで、地元・茅ケ崎《ちがさき》の話がいろいろ出てきます。湘南にぴったりのイメージですね。風景も、湘南に行くとちょっと洋風になるような気がします。音楽ですと、サザンオールスターズのサウンドが頭に浮かびます。

神奈川県は人材も豊かで、いろんなジャンルで活躍した人が過去も現在も大勢出ています。

岡本太郎さんが川崎（橘樹《たちばな》郡高津村＝現・川崎市高津区）出身、詩人の佐藤惣之助さんは旧・相模国川崎宿（現・川崎市）、明治の詩人で評論家の北村透谷《とうこく》は旧・相模国足《あし》柄下《がらしも》郡（現・小田原市）、解剖学者の養老孟司《たけし》さんが鎌倉市出身です。一通り見渡しても、これぞ神奈川県人という典型がないくらい、幅が広い。県民性をひとくくりにできないんです。

「俺は神奈川県の出身だぞ」と、わざわざ自慢する人はあまり見かけません。また私どもみたいな流れ者が、軒先三寸借りて暮らしていても、「珍しい人が来た」と騒ぐようなな、せこせこした感じもありません。一種の余裕なんでしょうね。

横　浜

横浜から始まった日本の開国

東日本・北陸の各地に歌を訪ね歩いた、この歌の旅も、いよいよここ横浜で終点です。横浜は、私の住まいがある土地です。ようやく自宅にたどり着いた、放蕩児《ほうとうじ》の帰宅といったところでしょうか。

二十代のころ、広告代理店に勤めていて、当時横浜にできた新しいラジオ局の番組の制作に関わったことが、横浜とのそもそものきっかけでした。

横浜といえば、港のイメージが付きまといます。いまは成田とか羽田など、空港が外国からの玄関口ですが、かつては港が、唯一の出入り口でした。ですから日本の近代化というか、西洋文化との出会いは、じつは横浜からと言ってもいいと思います。横浜には舶来ものの老舗も多く、百五十年以上の歴史のある元町《もとまち》商店街には、昔からの洋服屋さんや洋菓子屋さんが並び、その近くには、日本最大の中華街があります。

そんな街だけに、横浜を歌った曲は数えきれないほどたくさんあります。「横浜というとどんな曲を思い出しますか」とアンケートを取ったそうです。その結果、最も多いのが『ブルー・ライト・ヨコハマ』だったそうです。

じつは私は、『よこはま・たそがれ』かと思っていましたが、『ブルー・ライト・ヨコハマ』も、イントロが流れてきただけで、異国の匂いのする横浜が感じられます。いしだあゆみさんの代表曲でもあります。

ブルー・ライト・ヨコハマ　（作詞＝橋本淳《じゅん》　作曲＝筒美京平）

街の灯《あか》りが　とてもきれいね
ヨコハマ　ブルー・ライト・ヨコハマ
あなたとふたり　幸せよ

いつものように　愛の言葉を
ヨコハマ　ブルー・ライト・ヨコハマ
私にください　あなたから

歩いても歩いても　小舟のように
私はゆれて　ゆれて　あなたの腕の中
足音だけが　ついて来るのよ
ヨコハマ　ブルー・ライト・ヨコハマ
やさしいくちづけ　もう一度

この歌がヒットしたのは、一九六九（昭和四十四）年。ずいぶん時間がたっていますが、ぜんぜん古い感じがしません。

この曲の作曲家、筒美京平さんは、日本の歌謡曲に洋風の味付けをした、いい曲をたくさん書いています。この曲も、イントロには当時流行っていた、マンボやチャチャチャのリズムが感じられます。また、いしだあゆみさんのストレートに伸びる声に、独特の魅力があるんですが、それを活《い》かしていますね。

〝初物〟づくしのモダンな町

歌詞に「街の灯り」とありますが、ガス灯が日本で初めて灯《とも》ったのが横浜なんですね。

初物は、ほかにもいろいろあって、アイスクリーム、電話、日本初の官営鉄道が敷かれたのが新橋―横浜間。日刊新聞も横浜毎日新聞が日本初だそうです。パン屋さん、ホテル、救急車、石鹼やマッチ製造も日本で初ですし、公衆トイレ、オルガン製造と、きりがありません。

いまはみなとみらい21など、新しい街が開けていますが、昔は、各国の船が入ってきて、世界中の船乗りが上陸したわけですよ。その中でギリシャの船員さんたちもたくさん来たようで、ギリシャ酒場が何軒もあって、酔った船乗りが店の前で肩を組んで輪を作り、ダンスを踊っている風景をよく見かけたものです。いまでも、歴史のあるホテルニューグランドには、連合軍総司令官のマッカーサーが泊まった部屋が残っています。

だからでしょうか、浜っ子気質は、知的でプライドが高く、社交性に富み、新し物好きで流行に敏感、センスがいいと、いろいろ自慢を聞きますが、わかる気がします。

ファッションでも、横浜トラディショナル、略して〝ハマトラ〟はとてもおしゃれで、若い女性たちの憧れでした。今でも〝ハマトラ〟ファッションは健在だそうです。フェリス女学院も横浜にふさわしい女学校で、安井かずみさんというモダンな作詞家さんが出ています。

横浜をテーマにした曲は、まだまだあるんですが、さきほど出た『よこはま・たそがれ』を歌った五木ひろしさんに、ちょっとした思い出があります。

私は以前、横浜と東京間の高速道路を運転中、速度違反で捕まったことがあるんです。違反切符を書き終わったおまわりさんが、「サインください」って色紙を出したんです。しかたがないから、「『よこはま・たそがれ』五木」と、姓だけ書いて渡しました。あれを見た人は、歌っている五木ひろしさんが書いたと思ったでしょうね。

じつは「五木ひろし」という芸名は、私の名前から取ったんです。「五木」はともかく、「ひろし」というのも、私が童謡を書いていたころのペンネーム「のぶひろし」と同じだったので、「五木だけならともかく、両方はちょっと」と文句を言ったことがあります。そうしたら、ご本人からウィスキーが一本贈られてきました。

よこはま・たそがれ　（作詞＝山口洋子　作曲＝平尾昌晃《まさあき》）

よこはま　たそがれ
ホテルの小部屋
くちづけ　残り香　煙草《タバコ》のけむり
ブルース　口笛　女の涙
あの人は　行って行ってしまった
あの人は　行って行ってしまった

もう帰らない

五木ひろしさんの出世作でもあるこの歌は、平尾昌晃さんの名曲ですが、山口洋子さんの詞がおもしろい。単語をプツンプツンと投げ出したような作りで、すごく新鮮でした。

昔ながらの日本の町・伊勢佐木町

音楽でも一時期、横浜サウンドというのがあったんです。ジルバが流行ったときも、横浜の人たちは、ちょっと違うリズムで踊って、それを「ハマジル」といっていました。よそと同じじゃいやだ、というところだったのでしょうね。

いまは東京が巨大になりすぎて、ちょっと横浜の影が薄いんですけれど、浜っ子にしてみれば、「俺たちのほうが進んでいる」という心意気があったと思いますよ。

横浜はモダンなんですが、東京のモダンさと微妙に違う感じがします。赤レンガ倉庫に桟橋、元町、本牧、中華街、外国人墓地と、なんともダイレクトな異国感があるんです。その一方で、伊勢佐木町はその対極にある、昔ながらの日本の町なんです。明治の終わりに、日本初の洋画の封切館「オデオン座」ができて、浅草や大阪の千日前と同じくらい、賑やかだったのですが、だんだんお客さんが減っていって、今はもう、昔の賑わいはありません。デビュー前の音楽グループ「ゆず」は、伊勢佐木町の横浜松坂屋の前で路上ライブをしていたんですよ。その百貨店ももう、百年以上の歴史に幕をおろしたと聞きました。なんとも寂しいことです。そんな伊勢佐木町といえば、青江三奈さんの『伊勢佐木町ブルース』ですね。

伊勢佐木町ブルース　（作詞＝川内康範《こうはん》　作曲＝鈴木庸一）

あなた知ってる　港ヨコハマ
街の並木に　潮風吹けば
花散る夜を　惜しむよに
伊勢佐木あたりに　灯《あかり》がともる
恋と情けの　ドゥドゥビ　ドゥビドゥビ
ドゥビドゥヴァー　灯《ひ》がともる

ＮＨＫでは、昔はあのイントロのため息、「アーッ、ウーン」は放送できなかった。一九六八（昭和四十三）年の「紅白歌合戦」では、歌ってはだめ、と言われたんですね。

青江さんの歌は、ところどころ、音がフラッとするところがあるんですけれど、それが味になっているんです。横浜らしいおもしろい歌でしたね。当時はハスキーボイスが珍しいころで、正統派の人たちには、違和感があったようです。

でも、青江さんはジャズやブルースを歌ってもリズム感はあるし、いい歌い手さんで、あっという間に、歌謡界を代表する歌手の一人に定着しましたね。

横浜出身の文化人をざっと挙げますと、明治期の日本の美術界をリードした岡倉天心をはじめ、東山魁夷《ひがしやまかいい》などの画家がいます。作家では吉川英治、獅子《しし》文六、大佛次郎、里見弴《とん》などに加え、劇作家の菊田一夫、女優の岸惠子さん、ミュージカルの最先端をいった草笛光子さんも横浜です。やはり、錚々たる人材を輩出していますね。

もう一度、歌い手さんに戻ると、渡辺はま子さんに、なんといっても美空ひばりさんがいます。

ひばりさんというと、『ひばりの佐渡情話』とか、『越後獅子の唄』など、純日本調の歌を思い浮かべる方も多いかもしれませんけれど、新しいリズムの曲もなんでも、というぐらい歌っているんです。

『お祭りマンボ』『ひばりのドドンパ』をはじめ、ジャズ、黒人霊歌、フォークソング、Jポップ、なんでもござれのオールマイティーの歌い手さんだったとあらためて思います。アメリカでもたいへん評価されたと聞いたことがありますが、横浜の匂いを残した歌い手さんでした。

旅の終りに

むかし私が詞を書いた歌謡曲の一節に、こんなフレーズがありました。

五勺《ごしゃく》の酒に酔って
故郷《くに》の唄をうたえば
寒い町にもぽつんと
あたたかい灯がともる（後略）
――ふりむけば日本海――

この五勺の酒、という歌詞がレコーディングのときに話題になったのです。「五勺」という言葉がスタッフに通じなかったのでした。五勺は一合の半分です。中野重治の小説に、有名な『五勺の酒』というのがありますが。この歌の舞台が中野の故郷である福井だったので、その言葉を引用したのでした。しかし、今はもうそんな言葉も通用しない時代です。言葉は生きものなので、移り変わっていくのが当然でしょう。

旅をする途中で、その土地その土地の歌を聴いて感じるのは、たとえ流行歌であっても必ず根があるということです。その地方に根差したものがどこかにひそんでいます。

私が体が不自由になって、若いときのように自由に旅ができなくなったとしても、私は枕もとに何枚かのCDを置いて、いろんな歌を聴くでしょう。そして、あたかも自分がその土地を旅しているような感覚をあじわい、さまざまな思い出にひたるにちがいありません。

百年人生と言われる時代に、私は回想という世界の貴重さをとなえてきました。その回想の糸口となってくれるのは、いつも歌でした。それはヨリシロと言ってもいいし、引《ひ》き鉄《がね》（トリガー）と言ってもいいでしょう。想像の翼を羽ばたかせて、回想の旅に出ることは後半期の人生の最大の歓びではないでしょうか。

車や電車で移動するだけが旅ではありません。想像の世界を旅する仲間は歌です。空間だけでなく、それは時間も超えることができるのです。

どんな土地にも、古い唄があり、新しい歌がある。私は以前、地図を歌に重ねて〈歌地図〉を作ってみたことがありましたが、それはじつに楽しい作業でした。なつかしい歌、はじめての歌、どれも旅を十倍も百倍も豊かにしてくれる魔法の杖なのです。読者のみなさんがたが、この一冊を手に、良い旅に恵まれますように。

五木寛之

本書は、二〇一五年九月、『歌の旅びと（上・下）』として潮出版社より刊行されたものを、文庫化に当たり、再編成・改題しました。

初出誌
「月刊ラジオ深夜便」（発行・ＮＨＫサービスセンター）
二〇一一年八月号〜二〇一五年七月号

デザイン／テラエンジン
企画・編集協力／スフィア

五木寛之の本

歌の旅びと　ぶらり歌旅、お国旅
西日本・沖縄編

日本には、その土地その土地に根づく歌がある。街のテンポの良さが伝わる『大阪ラプソディー』、ご当地ソングのブームを作った『鳥取砂丘』など、所縁の歌とともに旅するエッセイ。

集英社文庫

五木寛之の本

新版　生きるヒント　1〜5

600万部のヒットシリーズ『生きるヒント』を再編集した新版を文庫化。不安やストレスなどを抱え、しんどい日々を乗り切る人生哲学が満載。巻末に阿川佐和子さんとの対談を収録。

集英社文庫

集英社文庫

歌《うた》の旅《たび》びと　ぶらり歌旅《うたたび》、お国旅《くにたび》　東日本《ひがしにほん》・北陸編《ほくりくへん》

2019年4月25日　第1刷　　定価はカバーに表示してあります。

著　者　五木寛之《いつきひろゆき》

発行者　徳永　真

発行所　株式会社 集英社

東京都千代田区一ツ橋2-5-10　〒101-8050

電話　【編集部】03-3230-6095

【読者係】03-3230-6080

【販売部】03-3230-6393（書店専用）

印　刷　中央精版印刷株式会社　株式会社美松堂

製　本　中央精版印刷株式会社

フォーマットデザイン　アリヤマデザインストア　　マークデザイン　居山浩二

ISBN978-4-08-745866-4 C0195